새로운 도서,
다양한 자료
동양북스
홈페이지에서
만나보세요!

www.dongyangbooks.com
m.dongyangbooks.com

홈페이지 도서 자료실에서 학습자료 및 MP3 무료 다운로드

PC

❶ 홈페이지 접속 후 도서 자료실 클릭
❷ 하단 검색 창에 검색어 입력
❸ MP3, 정답과 해설, 부가자료 등 첨부파일 다운로드

* 원하는 자료가 없는 경우 '요청하기' 클릭!

MOBILE

* 반드시 '인터넷, Safari, Chrome' App을 이용하여 홈페이지에 접속해주세요. (네이버,
다음 App 이용 시 첨부파일의 확장자명이 변경되어 저장되는 오류가 발생할 수 있습니다.)

❶ 홈페이지 접속 후 ≡ 터치

❷ 도서 자료실 터치

❸ 하단 검색창에 검색어 입력
❹ MP3, 정답과 해설, 부가자료 등 첨부파일 다운로드

* 압축 해제 방법은 '다운로드 Tip' 참고

미래와 통하는 책

가장 쉬운 독학
일본어 첫걸음
14,000원

버전업! 굿모닝
독학 일본어 첫걸음
14,500원

일단 합격하고 오겠습니다
JLPT 일본어능력시험 N3
26,000원

일본어 100문장 암기하고
왕초보 탈출하기
13,500원

가장 쉬운 독학
중국어 첫걸음
14,000원

가장 쉬운 중국어
첫걸음의 모든 것
14,500원

일단 합격 新HSK
한 권이면 끝! 4급
24,000원

중국어
지금 시작해
14,500원

영어를 해석하지 않고
읽는 법
15,500원

미국식
영작문 수업
14,500원

세상에서 제일 쉬운
10문장 영어회화
13,500원

영어회화
순간패턴 200
14,500원

가장 쉬운 독학
베트남어 첫걸음
15,000원

가장 쉬운 독학
프랑스어 첫걸음
16,500원

가장 쉬운 독학
스페인어 첫걸음
15,000원

가장 쉬운 독학
독일어 첫걸음
17,000원

동양북스 베스트 도서

일본어뱅크

상황별 실전회화 & 이메일쓰기를 동시에 배우는

하나스 가쿠
비즈니스
일본어

2

조남성, 조선영, 최진희, 이이호시 카즈야 지음

동양북스

하나스 가쿠 비즈니스 일본어 ②

초판 인쇄 | 2021년 4월 5일
초판 발행 | 2021년 4월 15일

지은이 | 조남성, 조선영, 최진희, 이이호시 카즈야
발행인 | 김태웅
책임편집 | 이선민
디자인 | 남은혜, 신효선
마케팅 | 나재승
제 작 | 현대순

발행처 | (주)동양북스
등 록 | 제 2014-000055호(2014년 2월 7일)
주 소 | 서울시 마포구 동교로22길 14 (04030)
구입 문의 | 전화 (02)337-1737   팩스 (02)334-6624
내용 문의 | 전화 (02)337-1762   dybooks2@gmail.com

ISBN 979-11-5768-699-5 14730
       979-11-5768-674-2 (세트)

이 책에서는 초·중급 일본어 학습자가 비즈니스 여러 장면에서 사용하게 될 일본어 표현을 배운다. 스텝2는 비즈니스에서 자주 접하는 주요 장면인 업무 지시, 협의, 회의 진행, 손님 응대(안내), 손님 응대(회의), 협의일정 조율, 문의 및 클레임으로 구성되어 있다.

이러한 장면을 단원(Part)으로 구성해서, 학습자에게 필요한 비즈니스 회화 문장과 메일 문장에서 자주 쓰이는 표현을 제시하고 있다.

단원 구성의 특징은 다음과 같다.

❶ 단원마다 실전 회화와 이메일 쓰기를 제시하고 있다.

❷ 실전 회화의 경우는 비즈니스 주요 어휘와 표현, 문법과 문형, 회화 문장 연습, 그리고 본문인 실전 회화 및 종합 연습, 롤플레이 순으로 제시하고 있다.

❸ 이메일 쓰기의 경우는 비즈니스 주요 어휘와 표현, 문법과 문형, 이메일 문장 연습, 그리고 본문인 실전 이메일, 종합 연습, 메일 쓰기 연습 순으로 제시하고 있다.

❹ 어휘 학습의 중요성을 생각하여 기본적으로 새로 나온 어휘는 쪽마다 제시하고 있다. 무엇보다도 단원마다 비즈니스 주요 어휘와 표현에서는 그 사용 예문을 먼저 제시하여 학습하도록 하고 있다.

이 책은 모든 한자에 읽기를 가나로 제시하고, 어휘 및 표현, 문법과 문형에 대해서 예문을 제시하며 자세히 설명하고 있다. 그리고 〈부록〉에서 비즈니스 일본어에서 가장 중요한 경어를 표로 정리해 두었으며, 비즈니스 이메일 보내기, 비즈니스 단신보고, 비즈니스 주요 용어 등 학습자의 수준에 따라 활용할 수 있도록 다양한 내용을 제공하고 있다.

끝으로 이 책은 모든 비즈니스 장면에서 대응하도록 사용 빈도가 높은 다양한 어휘 및 표현을 제시하며 구성했으나, 부족한 면이 있으리라 생각한다. 이 점에 대해서 여러분의 많은 조언을 바란다.

이 책이 학습자 여러분의 비즈니스 장면에서의 의사소통에 조금이나마 도움이 되었으면 한다.

저자 일동

이 책의 구성

총 7개의 단원(Part)으로 되어있으며, 각 파트는 '실전 회화 편'과 '이메일 쓰기 편'으로 나눠져 있습니다.

1. 실전 회화 편

주요 어휘와 표현

각 과에서 배울 주요 표현을 미리 살펴보며, 주요 어휘는 예문과
한자 쓰기를 통해 정확하게 익힐 수 있습니다.

문법과 문형

주요 문법과 문형에 대해 설명해 두었으며 비즈니스 현장에서 바로
쓸 수 있는 실전 예문을 통해 사용법을 익힐 수 있습니다.

회화 문장 연습

A-B의 회화 문장 형식을 통해 실전 회화에 필요한 주요 표현에
대해 학습합니다. 비즈니스 현장에서 바로 쓸 수 있는 실전 예문을
통해 정확한 표현을 익힐 수 있습니다.

실전 회화 및 종합 연습

앞에서 배운 주요 표현이 들어있는 비즈니스 상황별 실전 회화를
생생한 녹음 파일과 함께 익힐 수 있습니다. 종합 연습을 통해 반복
연습을 하며 확실하게 익힐 수 있습니다.

롤플레이

주어진 비즈니스 상황 속 역할이 되어 연습해봄으로써, 실제
비즈니스 현장에서도 일본어로 말할 수 있도록 구성된 회화
연습입니다.

2. 이메일 쓰기 편

주요 어휘와 표현

각 과에서 배울 주요 표현을 미리 살펴보며, 주요 어휘는 예문과
한자 쓰기를 통해 정확하게 익힐 수 있습니다.

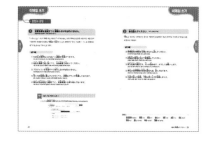

문법과 문형

주요 문법과 문형에 대해 설명해 두었고, 비즈니스 현장에서 바로
쓸 수 있는 실전 예문을 통해 바로 익힐 수 있습니다.

이메일 문장 연습

비즈니스 이메일을 쓰는데 꼭 필요한 주요 표현에 대해 학습합니다.
실전 예문을 통해 정확한 문장 표현을 익힐 수 있습니다.

실전 이메일 및 종합 연습

앞에서 배운 주요 표현이 들어있는 비즈니스 상황별 이메일 문장을 통해
실전 이메일 문장을 학습하며, 녹음파일을 통해 정확히 익힐 수 있습니다.
종합 연습을 통해 반복 연습을 하며 확실하게 익힐 수 있습니다.

메일 쓰기 연습 / 비즈니스 칼럼

앞에서 학습한 이메일 작성의 문장을 직접 써보면서 확실하게 익힐 수
있도록 하였습니다. 비즈니스 칼럼을 통해 비즈니스 일본어 현장에서
도움이 되는 내용을 익힐 수 있습니다.

3. 부록-비즈니스 일본어 문형 모음과 비즈니스 TIP

비즈니스 일본어에서 가장 중요한 경어를 표로 정리해 두었으며,
일본어 이메일 보내기, 비즈니스 단신보고, 비즈니스 주요 용어를
정리해 두어 쉽게 확인할 수 있습니다.

차례

Part 1

<ruby>業<rt>ぎょう</rt></ruby><ruby>務<rt>む</rt></ruby><ruby>指<rt>し</rt></ruby><ruby>示<rt>じ</rt></ruby>

업무 지시

第1課

ぎょうむしじ
業務指示

실전 회화

じゃ、Cプランを提案してみましょう。

그럼, C플랜을 제안해 봅시다.

학습 목표

실전 회화 업무보고를 받고 관련 지시를 할 수 있다.

| 주요 표현 |

昨日の交渉は大変だったわね。

Bプランなら５％安くご利用いただける。

주요 어휘와 표현

□ けいやくさき	契約先	계약처	★~先(장소) : 行き先(행선지), 送り先(보낼 곳)
□ ていあん	提案	제안	
□ プラン		플랜, 계획	★plan
□ かねあい	兼ね合い	균형, 형평성	
□ そうきん*	送金	송금	
□ まえきん*	前金	선금	

*: 관련 어휘

예문 확인

① 契約先 계약처
예 **契約先**に出向いて事業の内容を説明します。
계약처에 가서 사업 내용을 설명합니다.

② 提案 제안
예 御社のご**提案**には腑に落ちない部分があります。
귀사의 제안에는 납득하기 어려운 부분이 있습니다.

③ プラン 플랜
예 どのような**プラン**をお望みでしょうか。 어떤 플랜을 원하시나요?

④ 兼ね合い 형평성, 균형
예 他社との**兼ね合い**がありますので、契約の変更はできません。
다른 회사와의 형평성이 있으므로 계약을 변경할 수는 없습니다.

⑤ 送金 송금
예 今後は仮想通貨の**送金**が主流になると思われます。
이후로는 가상통화의 송금이 주류가 될 거라고 생각합니다.

⑥ 前金 선금
예 **前金**を指定の口座にお振り込みください。
선금을 지정 계좌에 입금해 주십시오.

✓ 한자 쓰기 연습

契約先	提案	送金	前金

---

word

出向く (향해서) 가다　　**腑に落ちない** 납득하기 어렵다　　**仮想通貨** 가상통화　　**主流** 주류　　**振り込み** 입금

• 문법과 문형

1 **昨日の交渉は大変だったわね。** 어제 교섭은 힘들었지?

「〜わね」는 일반적으로 동의를 나타내는 「〜ね」와 동일한 뜻이지만 「わ」가 삽입되어 주로 여성이 사용한다.

실전 예문

① 電車、遅いわね。何かあったのかしら。 전철, 늦네. 무슨 일이 있었나?

② 連絡が遅かったわね。どうしたの？ 연락이 늦었네. 무슨 일이야?

③ 困ったわね。これじゃ、納期に間に合わないわ。 곤란하네. 이래서는 납기에 맞추지 못해.

④ 良いわね？必ず私が言ったとおりにするのよ。 알았지? 반드시 내가 말한 대로 하는 거야.

⑤ 分かったわね？問題が起きたら私に連絡して。 알았지? 문제가 발생하면 나에게 연락해.

2 Bプランなら5％安くご利用いただける。 B플랜이라면 5% 저렴하게 이용하실 수 있다.

「ご/お〜いただける」는 「〜できる」의 존경어로 '〜하실 수 있다'라는 뜻이다. 예를 들어 '옷을 입어 보실 수 있습니다'는 「ご試着いただけます」라고 표현한다.

실전 예문

⑥ このコピー機はどなたでもお使いいただけます。 이 복사기는 누구라도 사용하실 수 있습니다.

⑦ キャンペーン期間中は無料で製品をお試しいただけます。
캠페인 기간 중은 무료로 제품을 시험해 보실 수 있습니다.

⑧ ここから先、関係者以外はお入りいただけません。
여기부터는 관계자 이외는 들어가실 수 없습니다.

⑨ 会員のお客様はビジネスクラスに格安でご搭乗いただけます。
회원인 손님은 비즈니스 클래스에 아주 싼 가격에 탑승하실 수 있습니다.

⑩ お子様は無料でご入場いただけます。 어린아이는 무료로 입장하실 수 있습니다.

---

word

納期 납기 **試し** 시험, 시도 **関係者** 관계자 **格安** 염가, 저렴함 **搭乗** 탑승

• 회화 문장 연습

1 ～って[인용]

A 「5％の値引は難しい」って？ '5% 할인은 어렵다'고?

B はい、3％なら検討できるかも知れないということですが。
네, 3%라면 검토할 수도 있을지 모른다고 합니다만.

「～って」는 '～라는'의 의미로, 다른 사람의 말이나 생각을 인용할 때 사용하는 표현이다.
보통체 표현이므로 주로 동등하거나 아랫사람에게 사용하고, 윗사람에게는 「～ということ(です が)」라는 표현을 사용한다.

실전 예문

① 「帰社が遅くなる」って吉田さんが言ってました。 '귀사가 늦는다'고 요시다 씨가 말했습니다.

② 今朝のニュースで平均株価が下がったって言ってました。
오늘 아침 뉴스에서 평균 주가가 내려갔다고 했습니다.

③ 経理部の吉田さん、結婚して会社を辞めるって。
경리부 요시다 씨, 결혼해서 회사를 그만둔대.

④ それは「取り引きは無理だ」ってことですか。 그것은 '거래는 무리다'라는 것입니까?

2 ご苦労さま

A ○○社営業部部長との会議は、ただいま終りました。
○○사 영업부 부장과의 회의는 지금 끝났습니다.

B ご苦労さま。 수고했어.

「ご苦労さま」는 상급자가 하급자에게 수고했다는 의미로 사용한다. 일상생활에서는 택배기사 등 에게 사용할 수 있으며, 이때는 「ご苦労さまです」 정도가 무난하다.

실전 예문

⑤ ご苦労さま。今日はもう退社しても良いよ。 수고했어. 오늘은 이제 퇴근해도 좋아.

⑥ ご苦労さま。出張は大変だっただろう？ 수고했어. 출장 힘들었지?

⑦ 吉田さん、ご苦労さま。契約成立は君のおかげだよ。
요시다 씨, 수고했어. 계약 성립은 자네 덕분이야.

⑧ ご苦労様です。いつもありがとうございます。 (택배기사에게) 수고했습니다. 항상 고맙습니다.

3 ～てみましょう

A 今日は、Cプランを検討してみましょう。 오늘은 C플랜을 검토해 봅시다.

B じゃ、デザイン担当も呼んできます。 그럼, 디자인 담당도 불러오겠습니다.

「～てみましょう」는 어떤 일을 시도해 보자는 뜻이다. 「～ましょう」에 비해서 조금 부드러운 표현이다. 「～てみませんか」는 「～てみましょう」보다 완곡한 표현이다.

실전 예문

⑨ 来月から○○地区の営業開拓をしてみましょう。
다음 달부터 ○○지구 영업을 개시해 봅시다.

⑩ ○○大学の木村教授に講演の依頼を打診してみましょう。
○○대학 기무라 교수에게 강연 의뢰를 타진해 봅시다.

⑪ プランの利用対象を若い世代に絞ってみませんか。
플랜 이용 대상을 젊은 세대로 좁혀 보지 않겠어요?

⑫ まずは仮の流通システムを構築してみませんか。
우선 임시 유통 시스템을 구축해 보지 않겠어요?

word

株価 주가　　成立 성립　　打診 타진　　流通 유통　　構築 구축

🎧 Track 01-02

실전 예문 　회사에서 상사가 부하직원의 업무 보고를 들은 후, 상황에 맞는 업무 지시를 하고 있다.

업무 지시

山本（やまもと）　昨日（きのう）の交渉（こうしょう）は大変（たいへん）だったわね。ご苦労（くろう）さま。

朴（パク）　ありがとうございます。

山本（やまもと）　山田部長（やまだぶちょう）は「値引（ねび）きができないか」って？

朴（パク）　はい。Aプランの内容（ないよう）で5％（ごパーセント）ほど値引（ねび）きしてほしいとのことです。

山本（やまもと）　う～ん。他（ほか）の契約先（けいやくさき）との兼（か）ね合（あ）いがあるから、値引（ねび）きは難（むずか）しいわね。

朴（パク）　はい、それで、「Bプランなら５％（ごパーセント）安（やす）くご利用（りよう）いただける」と提案（ていあん）し

たんですが…。

山本（やまもと）　駄目（だめ）だって？じゃ、Cプランを提案（ていあん）してみましょう。

Cプランなら Aプランとあまり差（さ）はないし、３％（さんパーセント）安（やす）いから。

朴（パク）　わかりました。山田部長（やまだぶちょう）にそのように提案（ていあん）してみます。

▶ 다음 비즈니스 회화문의 (　　　)에 적당한 표현을 넣어서 연습하세요.

회화 연습 1

A 田中君、昨日の交渉、ご(1.　　　　　　　　　　)さま。

B ありがとうございます。

A 吉田部長は「おすすめのプランはあるか」(2.　　　　　　　　)?

B はい。それで「プランは三つの中からお選び(3.　　　　　　)」

　と説明しました。

회화 연습 2

A ○○社の木村部長は「これでは、だめだ」(1.　　　　　　　　)?

B はい。問題があればアフターサービスもご利用(2.　　　　　　)

　と説明したんですが…。

A 仕方がない(3.　　　　　　　)。

　別のプランを提案して(4.　　　　　　　)。

B わかりました。

word

アフターサービス 애프터서비스

▶ A, B에 쓰여 있는 역할에 맞게 업무 지시를 해 보세요.

A ○○社 上司(しゃ じょうし)

あなたは○○社(しゃ)の営業部長(えいぎょうぶちょう)です。部下(ぶか)が契約交渉(けいやくこうしょう)の報告(ほうこく)をしています。取引先(とりひきさき)は 1週間以内(いっしゅうかんいない)にAタイプの製品(せいひん)を納品(のうひん)してほしいと言(い)いましたが、それはできません。 旧型(きゅうがた)の製品(せいひん)であれば、すぐに納品(のうひん)できる事(こと)を取引先(とりひきさき)に言(い)うように指示(しじ)してください。

A : ○○사 상사

당신은 ○○사의 영업부장입니다. 부하가 계약 교섭에 관한 보고를 하고 있습니다. 거래처는 일주일 이내에 A타입의 제품을 납품해 달라고 합니다만, 지금은 할 수 없습니다. 구형 제품이라면 바로 납품할 수 있음을 거래처에 말하도록 지시하세요.

B ○○社 部下(しゃ ぶか)

あなたは○○社(しゃ)の営業部(えいぎょうぶ)で働(はたら)いています。上司(じょうし)に契約交渉(けいやくこうしょう)の報告(ほうこく)をします。取引先(とりひきさき)は 1週間以内(いっしゅうかんいない)にAタイプの製品(せいひん)を納入(のうにゅう)してほしいと言(い)いましたが、それはできません。 あなたは「Bタイプの製品(せいひん)なら1週間以内(いっしゅうかんいない)に納品(のうひん)できる」と言(い)いましたが、取引先(とりひきさき)は難(なん)色(しょく)を示(しめ)しました。これを上司(じょうし)に報告(ほうこく)して指示(しじ)を受(う)けてください。

B : ○○사 부하

당신은 ○○사의 영업부에서 일하고 있습니다. 상사에게 계약 교섭 보고를 합니다. 거래처는 일주일 이내에 A타입의 제품을 납입해 달라고 합니다만, 지금은 할 수 없습니다. 당신은 'B타입의 제품이라면 1주일 이내에 납품할 수 있다'고 말했습니다만, 거래처는 난색을 표하고 있습니다. 이것을 상사에게 보고하고 지시를 받으세요.

word

旧型(きゅうがた) 구형   納入(のうにゅう) 납입

A ○○社 上司
➡

B ○○社 部下
➡

第2課

ぎょうむしじ
業務指示

이메일쓰기

かく い はげ
各位励んでください。

모두 노력해 주세요.

학습 목표

 부원들에게 메일로 업무를 지시할 수 있다.

| 주요 표현 |

えいぎょうもくひょう たっせい がんば
営業目標を達成すべく頑張らなければなりません。

かく い はげ
各位励んでください。

주요 어휘와 표현 🎧 Track 02-01

□ きげん	期限	기한	
□ けっさんき	決算期	결산기	
□ ていけつ	締結	체결	
□ かくい	各位	여러분	★関係者各位(관계자 여러분)
□ はげむ	励む	힘쓰다	
□ さくねんど	昨年度	작년도	★本年度=今年度(금년도 : 올해 4월 1일~다음 해 3월 31일)

예문 확인

1 期限 기한　例 書類提出の期限は厳守してください。 서류 제출 기한은 엄수해 주세요.

2 決算期 결산기　例 今月は決算期であり、棚卸しをします。
이번 달은 결산기이므로 재고조사를 합니다.

3 締結 체결　例 ようやくA社との契約締結にこぎつけることができました。
드디어 A사와의 계약 체결에 이르게 되었습니다.

4 各位 여러분　例 新規プロジェクトの担当者各位は必ず説明会に参加してください。 신규 프로젝트 담당자 여러분은 반드시 설명회에 참가해 주세요.

5 励む 노력하다　例 今後も御社のご期待に添えるよう、励んで参ります。
앞으로도 귀사의 기대에 부응할 수 있도록 노력하겠습니다.

6 昨年度 작년도　例 昨年度の売り上げは前年比で5%増加しました。
작년도 매상은 전년 대비 5% 증가하였습니다.

한자 쓰기 연습

期限	決算期	締結	各位

word

厳守 엄수　　棚卸し 재고조사　　こぎつける 노력해서 겨우 목표에 도다르다, ~하기에 이르다
前年比 전년 대비

이메일 쓰기

• 문법과 문형

업무
지시

1 営業目標を達成すべく頑張らなければなりません。
영업목표를 달성하기 위해 힘써야 합니다.

「~すべく」는 '~하기 위해' 라는 의미로 「~するために」 보다 딱딱한 문장체 표현이다. 예를 들어 '기한까지 완성하기 위해'는 「期限まで完成すべく」로 표현한다. 「동사 기본형 + べく」로 활용되는데, 「する」 동사는 「すべく」도 된다.

실전 예문

① わが社が業界No.1になるべく戦略を見直すべきです。
우리 회사가 업계 No.1이 되기 위해 전략을 재고해야만 합니다.

② 他社を業績で追い抜くべく、各自創意工夫をしてください。
다른 회사를 업적으로 추월하기 위해, 각자 창의적인 방법을 생각해 주세요.

③ プロジェクトを完遂すべく努力しなければなりません。
프로젝트를 완수하기 위해 노력하지 않으면 안 됩니다.

④ 多くのお客様に喜んでいただくべく、多様なプランを準備しております。
많은 손님들이 기뻐하실 수 있도록 다양한 플랜을 준비하고 있습니다.

⑤ 弊社は社会福祉に貢献すべく、慈善事業にも取り組んでおります。
저희 회사는 사회 복지에 공헌하기 위해 자선 사업에도 힘쓰고 있습니다

TIP! 일본 구인 사이트 소개 ①

• マイナビ転職求人検索 마이나비 이직구인검색 (https://tenshoku.mynavi.jp/search)

22

② 各位励んでください。 모두 노력해 주세요.

かくい はげ

「励む」는 '힘쓰다, 노력하다'는 뜻으로 사용되며 문장체에서 혹은 공식적인 자리에서 격식을 갖춘 표현으로 사용된다.

실전 예문

⑥ 新規契約の締結を目標にみなさん励んでください。
しんきけいやく ていけつ もくひょう はげ
신규계약의 체결을 목표로 모두 노력해 주세요.

⑦ 新製品の開発に向けて鋭意励んでください。
しんせいひん かいはつ む えいい はげ
신제품 개발을 목표로 전력을 다해 노력해 주세요.

⑧ 新入社員の渡辺です。大いに励みます。よろしくお願いします。
しんにゅうしゃいん わたなべ おお はげ ねが
신입 사원 와타나베입니다. 많이 노력하겠습니다. 잘 부탁드립니다.

⑨ 弊社は自然環境の改善を図るため、励んでおります。
へいしゃ しぜんかんきょう かいぜん はか はげ
저희 회사는 자연 환경 개선을 도모하기 위해 힘쓰고 있습니다.

⑩ 社員が励んだ結果、今期は売り上げが倍増しました。
しゃいん はげ けっか こんき う あ ばいぞう
사원이 노력한 결과, 이번 분기는 매출이 배로 늘었습니다.

---

word

営業目標 영업목표	**業績** 업적	**完遂** 완수	**福祉** 복지	**貢献** 공헌	**慈善** 자선	**鋭意** 열심히
改善 개선	**図る** 도모하다	**今期** 이번 분기	**倍増** 배로 늘어남			

이메일 쓰기

•이메일 문장 연습

업무 지시

❶ ～ように[목적]

・昨年度に比べ、10％上昇ができるように取り組んでください。
작년도에 비해 10% 상승할 수 있도록 임해 주세요

「～ように」는 '～하기 위하여/～하도록'이라는 의미로 목적을 나타낸다. 「～できるように」는 '～할 수 있도록'이라는 의미이다.

실전 예문

① 来月から決算書類をオンラインで処理するようにします。
다음 달부터 결산 서류를 온라인으로 처리하도록 하겠습니다.

② お客様が便利に製品を使うことができるように開発します。
손님이 편리하게 제품을 사용할 수 있도록 개발하겠습니다.

③ 社員が快適に働けるように職場の環境を整えます。
사원이 쾌적하게 일할 수 있도록 직장 환경을 갖추겠습니다.

④ 明日は遅刻しないようにしてください。
내일은 지각하지 않도록 해 주세요.

⑤ お客様に満足していただけるように、誠実に対応します。
손님이 만족하실 수 있도록 성실하게 대응하겠습니다.

TIP! 일본 구인 사이트 소개 ②

일본 내 구직자 이용 1위 「タウンワーク社員 타운 워크 사원」

• 도쿄도 : https://townwork.net/tokyo/shain

• 관동지방 : https://townwork.net/kantou/shain

• 관서지방 : https://townwork.net/kansai/shain

• 도카이지방 : https://townwork.net/toukai/shain

• 규슈지방 : https://townwork.net/kyushu/shain

업무 지시

② (影響)を与えています

・インターネット上の口コミが販売率に影響を与えています。

인터넷상에서의 평판이 판매율에 영향을 미치고 있습니다.

「(影響)を与えています」는 '(영향)을 미치고 있다, 주고 있다'라는 뜻이다. '영향' 이외에 「損害(손해)」, 「ショック(쇼크, 충격)」, 「好印象(좋은 인상)」 등이 올 수 있다.

실전 예문

⑥ アメリカ発の不況が日本にも影響を与えています。

미국 발 불황이 일본에도 영향을 주고 있습니다.

⑦ 日本を襲った台風が会社に大きな損害を与えました。

일본을 습격한 태풍이 회사에 큰 손해를 끼쳤습니다.

⑧ A社との取り引き不成立が社員にショックを与えています。

A사와의 거래 불성립이 사원에게 쇼크를 주고 있습니다.

⑨ 日本有数の巨大企業であるB社の倒産が国民に大きな衝撃を与えています。

일본 유수의 거대 기업인 B사 도산이 국민에게 큰 충격을 주고 있습니다.

⑩ イメージキャラクターに起用した芸能人が商品に好印象を与えています。

이미지 캐릭터로 기용한 연예인이 상품 이미지를 좋게 하고 있습니다.

---

word

上昇 상승　　**決算** 결산　　**満足** 만족　　**口コミ** 평판, 입소문　　**販売率** 판매율　　**不況** 불황　　**損害** 손해

不成立 성립이 안됨　　**有数** 유수　　**巨大企業** 거대기업　　**イメージキャラクター** 이미지 캐릭터

起用する 기용하다　　**芸能人** 연예인　　**好印象** 좋은 인상

• 실전 이메일

🎧 Track 02-02

업무 지시

실전 예문 ┃ 회사 영업부장이 직원들에게 메일로 영업 목표 달성을 위해 지시를 하고 있다.

件名：契約交渉の期限について

部員各位

営業部長の山本です。

決算期を迎えました。

昨年度、営業目標を達成できなかった事が我が社の株式に大きな影響を与えています。

今年度こそは何としても営業目標を達成すべく、頑張らなければなりません。

現在、進めている契約は来週末までに締結できるように、各位励んでください。

よろしくお願いします。

---

word

株式 주식　　締結 체결

26

▶ 다음 비즈니스 메일의 (　　　)에 적당한 표현을 넣어 비즈니스 메일을 작성하세요.

업무 지시

메일 작성1

営業部長の山田です。

米国R社の倒産が世界的に大きな影響を(1.　　　　　　　　　)。

わが社はできるだけこの影響を被らない(2.　　　　　　　　)しなければなりません。

損害を最小限に抑える(3.　　　　　　　)、各位、(4.　　　　　　　　　)。

메일 작성2

営業部長の小林です。

米国発の金融危機が世界中に大きな影響を(1.　　　　　　　)います。

弊社もできるだけ影響を受けない(2.　　　　　　　)、しなければなりません。

金融危機の影響を避ける(3.　　　　　　)、

各位、情報収集に(4.　　　　　　)ください。

---

word

最小限 최소한　　**米国** 미국　　**金融危機** 금융위기　　**情報収集** 정보수집

이메일 쓰기

• 메일 쓰기 연습

▶ 앞에 나온 '실전 이메일'의 문장을 그대로 써 보세요. 그리고 모든 한자에는 예와 같이 위에 후리가
나를 쓰세요.

예

업무
지시

けんめい　けいやくこうしょう　きげん

件名：契約交渉の期限について

수고하셨습니다 •

'수고하셨습니다'라는 의미로 「お疲れ様」, 「ご苦労様」 두 가지 표현이 있습니다. 상황에 따라 구분하여 사용되는데 특히 비즈니스 장면에서 주의해야 하는 장면에 대해서 알아봅시다.

먼저 「お疲れ様」는 비즈니스 장면에서 가장 많이 듣게 되고 사용하게 되는 표현입니다. 회사에 출근할 때는 「おはようございます/おはよう」와 같은 아침 인사말을 사용하겠지만, 이후 회사 내 복도에서 만나거나 엘리베이터 등에서 만났을 때는 대부분 「お疲れ様です(お疲れ : 아주 친한 사이인 경우 사용 가능)」를 인사말로 사용합니다. 또한 윗사람에게 '수고하셨습니다'라고 이야기 하고 싶을 때도 「お疲れ様でした」를 사용할 수 있습니다.

「ご苦労様」는 기본적으로 윗사람이 아랫사람에게 이야기하는 장면에서 주로 사용됩니다. 예를 들어 보고서를 작성하느라고 고생한 부하에게 상사가 수고했다고 이야기할 때 등입니다. 또한 택배 등 배달원에게도 사용할 수 있습니다. 이 때는 「ご苦労様です」와 같이 정중체가 됩니다. 상황에 따라서는 감사하는 마음을 전하고자 「ありがとうございました」라고 할 수도 있습니다.

그러므로, 부하가 상사에게 「ご苦労様です」라고 사용할 수 없습니다.

다만, 두 가지 표현의 사용 허용 범위는 사람에 따라 지역에 따라 조금씩 다를 수도 있으므로 사용 장면을 잘 살펴보기 바랍니다.

Part 2

<ruby>協<rt>きょう</rt>議<rt>ぎ</rt></ruby>

협의

第3課

きょう ぎ
協議

실전 회화

水曜日ならメンバー全員が
そろうことができます。

수요일이라면 멤버 전원이 모일 수 있습니다.

학습 목표

실전 회화 사내에서 결정해야 하는 사항에 관해 협의할 수 있다.

| 주요 표현 |

李さんは新規プロジェクトのメンバーだったよね？

営業戦略に関するプレゼンをやってもらいたいんだ。

水曜日ならメンバー全員がそろうことができます。

주요 어휘와 표현

□ せんりゃく	戦略	전략	
□ かかりちょう	係長	계장	
□ てきにん	適任	적임	
□ プロジェクト		프로젝트	★project
□ メンバー		멤버, 회원	★member
□ にってい	日程	일정	

예문 확인

1 戦略 전략

예 彼なりの売り上げ増加への**戦略**があると思います。
그 나름대로의 매상 증가 전략이 있을 것이라고 생각합니다.

2 係長 계장

예 **係長**に出納帳を提出します。 계장님에게 출납장을 제출하겠습니다.

3 適任 적임

예 この仕事の担当者は誰が**適任**でしょうか。
이 일의 담당자는 누가 적임일까요?

4 プロジェクト 프로젝트

예 **プロジェクト**の進捗状況を報告します。
프로젝트 진척 상황을 보고하겠습니다.

5 メンバー 멤버

예 **メンバー**全員に変更事項を周知させます。
멤버 전원에게 변경사항을 주지시키도록 하겠습니다.

6 日程 일정

예 研修は次のような**日程**で行われます。
연수는 다음과 같은 일정으로 진행됩니다.

✅ 한자 쓰기 연습

戦略	係長	適任	日程

---

word

出納帳 출납부　**進捗** 진척　**状況** 상황　**変更事項** 변경사항　**周知** 주지

● 문법과 문형

① 李さんは新規プロジェクトのメンバーだったよね？
이 ○○ 씨는 신규 프로젝트 멤버였지?

「〜よね」는 설명과 동의를 구하는 것이 동시에 이루어지는 표현으로 '〜지요?'라는 뜻이 된다. 주로 어떤 사항에 대하여 상대방도 안다고 생각하고 확인을 하고자 할 때 사용하게 된다. 「〜よ」만 있으면 상대는 모를 것이라고 생각하고 설명하는 경우에 사용된다.

실전 예문

① 明日の会議には木村さんも参加するよね？ 내일 회의에는 기무라 씨도 참가하지?

② 納期の期日は来週までだったよね？ 납기 기일은 다음 주까지였지?

③ 山田くん、君はパソコンに詳しいよね？ 야마다 군, 자네는 컴퓨터를 잘 알지?

④ 決算書の内容はこれで間違いないよね？ 결산서 내용은 이것으로 틀림없지?

⑤ 会場の準備はできたよね？ 회장 준비는 다 되었지?

② 営業戦略に関するプレゼンをやってもらいたいんだ。
영업 전략에 관한 프레젠테이션을 해 주었으면 해.

「〜に関する」는 '〜에 관한, 〜와 관련이 있는'이라는 뜻으로 「〜について(〜에 관해서)」와 비슷하지만, 「〜について」는 관련성 보다는 앞에 언급하는 대상을 나타낸다. 「日時については後日お知らせします」와 같이 사용한다.

실전 예문

⑥ 弊社の業績に関する資料はこちらです。 저희 회사 업적에 관한 자료는 이쪽입니다.

⑦ 製品に関する問題は弊社が責任を負います。 제품에 관한 문제는 저희 회사가 책임을 지겠습니다.

⑧ 取り引きに関する内容は決して口外しないでください。
거래에 관한 내용은 결코 발설하지 말아 주세요.

⑨ 申請に関するご質問はホームページをご確認ください。
신청에 관한 질문은 홈페이지를 확인해 주십시오.

⑩ これより弊社の情報管理体制に関する説明会を開きたいと思います。
이제부터 저희 회사 정보관리체제에 관한 설명회를 시작하고자 합니다.

3 水曜日ならメンバー全員がそろうことができます。
수요일이라면 멤버 전원이 모일 수 있습니다.

「명사+なら」는 '~라면'이라는 뜻으로, 조건을 나타낸다. 「명사+なら」는 강조의 의미도 포함되어 「명사+は」로 대체될 수도 있다. 「あつまるなら水曜日にしてください」와 같은 문장의 경우 모일지 안 모일지 아직 확정되지 않은, 즉, 모인다는 조건이 있으면 '~이란'이라는 뜻이 되지만, 위의 「水曜日なら」의 경우는 '수요일이라는 조건이라면'이 되므로 「水曜日は」처럼 수요일을 강조한 것이 된다.

실전 예문

⑪ このプランなら問題ないと思います。 이 플랜이라면 문제없다고 생각합니다.

⑫ 金曜日なら時間が空いています。 금요일이라면 시간이 비어 있습니다.

⑬ 口座振替なら代金の支払いも便利です。 계좌이체라면 대금 지불도 편리합니다.

⑭ 北海道に出張なら飛行機を予約しなければなりません。
홋카이도에 출장이라면 비행기를 예약하지 않으면 안 됩니다.

⑮ この製品ならお客様にも満足していただけるでしょう。
이 제품이라면 손님도 만족하실 수 있을 것입니다.

---

word

期日 기일　　**口外** 발설, 입 밖에 냄　　**申請** 신청　　**管理体制** 관리체제

협의

1 ～てもらいたい

A うちの部員が2件ずつ担当してもらいたいんだが。
우리 부원들이 2건씩 담당해 주면 좋겠는데.

B かしこまりました。早速担当者を決め、ご報告いたします。
알겠습니다. 바로 담당자를 정해서 보고드리겠습니다.

「～もらいたい」는 주로 하급자에게 지시를 내릴 때 사용할 수 있는 표현으로 '～해 주었으면 좋겠다' 정도의 뜻이 된다. 명령이라고 할 수 있는 「～てくれ」보다 정중한 지시표현이라고 할 수 있다.

실전 예문

① 木村くん、会社にはもっと早く出勤してもらいたい。
기무라 군, 회사에는 더 빨리 출근해 주었으면 해.

② 吉田さん、会議室に資料を持ってきてもらいたいんだが。
요시다 씨, 회의실에 자료를 가져 오면 좋겠는데,

③ 渡辺くん、休日出勤をしてもらいたいんだが。
와타나베 군, 휴일 출근을 해 주었으면 하는데.

④ ちょっと手伝ってもらいたいんだが、手は空いているかね？
잠시 도와주었으면 하는데, 시간 좀 되나?

⑤ パソコンの調子を見てもらいたいんだが、パソコンには詳しいかい？
컴퓨터 상태를 살펴봐 주었으면 하는데, 컴퓨터를 잘 알고 있나?

TIP!	アポイント・アポ (약속) 잘 하는 법

거래처의 회사 등 방문 약속을 잡을 때 용건, 소요시간, 방문 인원수를 상대방에게 정확히 전달한다.

여러 희망 시간대를 제안하고 상대방의 형편에 맞춰 시간을 지정하도록 하는 것이 좋다. 거래처의 사정을 고려하여 약속을 잡으면 그 다음의 비즈니스도 원활하게 진행될 가능성이 높다.

② ～ではないでしょうか

A プレゼンには、他の部署からの参加も必要ではないでしょうか。
프레젠테이션에는 다른 부서의 참가도 필요하지 않을까요?

B そうですね。他の部署にも連絡してみましょう。
그렇네요. 다른 부서에도 연락해 봅시다.

「～ではないでしょうか」는 '～가 아닐까요?'라는 뜻으로, 「～です(입니다)」라고 확언하지 않고,

「～でしょう(～이겠지요)」보다 정중하게 자신의 의견을 제시하는 표현이다.

실전 예문

⑥ 商品価格は12,000円くらいが妥当ではないでしょうか。
상품 가격은 12,000엔 정도가 타당하지 않을까요?

⑦ お客様の視点で考えるのが、大切ではないでしょか。
손님의 시점에서 생각하는 것이 중요하지 않을까요?

⑧ 法人の営業はベテラン社員が担当するのが、適当ではないでしょうか。
법인 영업은 베테랑 사원이 담당하는 것이 적당하지 않을까요?

⑨ 会社の情報をもっと一般公開すべきではないでしょうか。
회사의 정보를 좀 더 일반 공개해야 하지 않을까요?

⑩ 会社の慣行を変えるべきではないでしょうか。
회사 관행을 바꾸어야 하지 않을까요?

---

word

出勤 출근　　**休日** 휴일　　**価格** 가격　　**妥当** 타당　　**視点** 시점　　**法人** 법인　　**ベテラン** 베테랑
一般公開 일반 공개　　**慣行** 관행

🎧 Track 03-02

실전 예문 | 상사와 부하직원이 프레젠테이션을 진행할 적임자와 일정에 관해 협의하고 있다.

小林（こばやし） 朴（パク）さんは新規（しんき）プロジェクトのメンバーだったよね？

朴（パク） はい。そうです。

小林（こばやし） メンバーの誰（だれ）かに営業戦略（えいぎょうせんりゃく）に関（かん）するプレゼンをやってもらいたいんだ。

朴（パク） それなら川田係長（かわだかかりちょう）が適任（てきにん）ではないでしょうか。

小林（こばやし） 川田（かわだ）くんか。うん、良（い）いね。日程（にってい）はいつ空（あ）いてる？

朴（パク） 水曜日（すいようび）ならメンバー全員（ぜんいん）がそろうことができます。

小林（こばやし） よし。じゃ、来週（らいしゅう）の水曜日（すいようび）にしよう。時間（じかん）は10時（じゅうじ）からで良（い）いかな？

朴（パク） はい、大丈夫（だいじょうぶ）です。来週（らいしゅう）の水曜日（すいようび）10時（じゅうじ）からですね。

では、メンバーにそのように連絡（れんらく）します。

▶ 다음 비즈니스 회화문의 (　　)에 적당한 표현을 넣어서 연습하세요.

회화 연습 1

A　提出の期限は来週だった(1.　　　　　　　)？

B　いいえ、二十日ですから、再来週です(2.　　　　　)。

A　再来週か。実は期限を来週に変更して(3.　　　　　)たいんだ。

B　来週はゴールデンウィークなので、無理(4.　　　　　)で

しょうか？

회화 연습 2

A　金くんはパソコンに詳しかった(1.　　　　　　　)？
我が社の新たなホームページ立ち上げに(2.　　　　　)
仕事を君にして(3.　　　　　　)んだ。

B　あ、そうですか。私でもいいですが、それなら、吉田さんの方が
適任(4.　　　　　　)。彼は元プログラマーですから。

실전 회화

• 롤플레이

▶ A, B에 쓰여 있는 역할에 맞게 협의를 해 보세요.

A　○○社　上司

あなたは○○社開発部の部長です。○○社は新商品を開発することにしました。新商品のデザインの素案を開発チームの誰かに作成してほしいと言いましょう。そして、チームの全員がそろう日にデザイン発表会を開きましょう。発表会の日程も決めてください。

A : ○○사 상사
　당신은 ○○사 개발부 부장입니다. ○○사는 신상품을 개발하려고 합니다. 신상품 디자인의 초안을 개발팀 중 누군가가 작성해 달라고 말합시다. 그리고 팀 전원이 모일 수 있는 날에 디자인 발표회를 합시다. 발표회 일정도 정하세요.

B　○○社　部下

あなたは開発チームで働いています。上司が新商品のデザインの素案を作成してほしいと言いました。上司に適任者を推薦しましょう。また、上司と話してデザイン発表会の日程を決めましょう。毎週火曜日はチームの全員がそろいます。

B : ○○사 부하
　당신은 개발팀에서 일하고 있습니다. 상사가 신상품 디자인의 초안을 작성해달라고 말했습니다. 상사에게 적임자를 추천합시다. 또한 상사와 이야기하여 디자인 발표회 일정을 정하세요. 매주 화요일에는 팀 전원이 모일 수 있습니다.

---

word

素案 초안　　推薦 추천　　作成 작성

A ○○社　上司
➜

B ○○社　部下
➜

第4課

協議
きょうぎ
이메일쓰기

営業戦略のプレゼンをする予定です。
えいぎょうせんりゃく　　　　　　　　　　　　よてい

영업 전략 프레젠테이션을 할 예정입니다.

학습 목표

 협의된 사항을 사내 메일로 관계자들에게 알릴 수 있다.

| 주요 표현 |

営業戦略のプレゼンをする予定です。
えいぎょうせんりゃく　　　　　　　　　　　　よてい

今後の営業戦略について。
こんご　　えいぎょうせんりゃく

주요 어휘와 표현

□ うちあわせ	打ち合わせ	사전 협의, 의논	★방법, 준비, 일정 등을 사전에 상담하는 것
□ リーダー		리더	★leader
□ あんけん	案件	안건	
□ はいふ	配布	배포	
□ ほんしゃ	本社	본사	
□ ししゃ*	支社	지사	

*: 관련 어휘

예문 확인

① 打ち合わせ 협의, 의논 　예 打ち合わせを効率よく行います。사전 협의를 효율적으로 진행합니다.

② リーダー 리더 　예 彼にはリーダーの素質があると思います。
그 사람에게는 리더 소질이 있다고 생각합니다.

③ 案件 안건 　예 過去の案件と照らし合わせて対処します。
과거의 안건과 대조하면서 대처하겠습니다.

④ 配布 배포 　예 これよりレジュメを配布します。지금부터 레쥬메를 배포하겠습니다.

⑤ 本社 본사 　예 4月より本社の営業部へ配属されました。
4월부터 본사의 영업부에 배속되었습니다.

⑥ 支社 지사 　예 下半期から大阪支社へ異動することになりました。
이번 하반기부터 오사카 지사로 이동하게 되었습니다.

한자 쓰기 연습

案件	配布	本社	支社

word

効率よく 효율적으로 　照らし合わせる 대조하다 　対処 대처 　レジュメ 레쥬메(resume), 요약 자료, 요지 자료
配属 배속 　下半期 하반기 　異動 이동

• 문법과 문형

① 営業戦略(えいぎょうせんりゃく)のプレゼンをする予定(よてい)です。
영업 전략 프레젠테이션을 할 예정입니다.

「する」동사의 경우 두 가지 문형이 사용 가능하다. 즉 위 문장의 경우 「営業戦略(えいぎょうせんりゃく)をプレゼンする予定(よてい)です」와 같은 문형도 만들 수 있다. 즉 「~の…をする」를 「~を…する」와 같이 변경할 수 있다. 의미상의 차이는 크지 않으며 문장 구성상의 편의에 따라 사용하는 경우가 많다. 예를 들어 「今回(こんかい)のプロジェクトのデザインの担当(たんとう)をする」의 경우 조사 「の」가 3개나 사용되므로 「今回(こんかい)のプロジェクトのデザインを担当(たんとう)する」와 같은 문장을 선호한다.

실전 예문

① 川田係長(かわたかかりちょう)が新入社員(しんにゅうしゃいん)の指導(しどう)をします。 가와타 계장님이 신입사원의 지도를 하겠습니다.
② この施設(しせつ)では新製品(しんせいひん)の開発(かいはつ)をしています。 이 시설에서는 신제품 개발을 하고 있습니다.
③ 私(わたし)の仕事(しごと)はクレームの処理(しょり)をすることです。 제 일은 클레임을 처리하는 것입니다.
④ 見積(みつ)もりの作成(さくせい)をした鈴木(すずき)と申(もう)します。 견적서 작성을 한 스즈키라고 합니다.
⑤ 弊社(へいしゃ)はセキュリティシステムの補修点検業務(ほしゅうてんけんぎょうむ)を行(おこな)っております。
저희 회사는 안전시스템 보수 점검 업무를 하고 있습니다.

TIP! 영업 사무(営業事務(えいぎょうじむ))란?

회사 밖에서 일하는 영업 담당자가 고객과의 교섭 등에 주력할 수 있도록 사내에서 사무 업무를 서포트 하는 일이다. 회사에 따라 영업 서포트나 영업 어시스턴트라고 부르기도 한다. 구체적인 업무 내용으로는 청구서 등의 서류 작성, 수주와 발주 데이터 입력, 사내 회의용 자료 등의 준비를 한다.

2 今後の営業戦略について 앞으로의 영업 전략에 대해서
こん ご　えいぎょうせんりゃく

「〜について」는 '〜에 대해서'라는 뜻으로 주제(내용)을 나타낸다. 정중하게 표현할 때는 「〜につきまして」를 사용한다. 「AについてB」에서 A는 B의 행위 내용을 가리키고, 「Aに対してB」의 경우, A는 B의 행위 대상을 가리킨다.

협의

실전 예문

⑥ その件については連絡しておきました。
그 건에 대해서는 연락해 두었습니다.

⑦ 御社の経営方針について、ご説明お願いします。
귀사의 경영방침에 대해서 설명 부탁합니다.

⑧ プロジェクトの内容について教えていただけますか。
프로젝트 내용에 대해 알려 주실 수 있습니까?

⑨ 工事の概要につきまして、今からご説明いたします。
공사 개요에 대해 지금부터 안내해 드리겠습니다.

⑩ 従業員3人に対して1部屋しか割り当てられませんでした。
종업원 3명에 대해 방 하나 밖에 할당하지 못했습니다.

word

新製品 신제품　クレーム 클레임, 불평　見積もり 견적　補修 보수　業務 업무　経営方針 경영방침
概要 개요　従業員 종업원　割り当てる 할당하다

• 이메일 문장 연습

① ～ことになる

• 新規プロジェクトとして、以下の2件を始めることになりました。
신규 프로젝트로서 이하 2건을 시작하게 되었습니다.

「～ことになる」는 자신의 의지와 상관없이 주로 결정된 사항에 초점을 맞춰 전달하는 경우 사용되고, 「～ことにする」는 자신의 의지적인 결정을 표현한다. 예를 들어, 「大阪支店に異動することになりました(오사카지점으로 이동하게 되었습니다)」, 「会社を辞めることにしました(회사를 그만두기로 했습니다)」와 같이 구분하여 사용된다. 다만 「結婚することになりました」와 같이 실제로는 자신의 의지로 결정한 일이라도 「～ことになる」를 사용하는 경우도 있다.

실전 예문

① 吉田部長が退職することになりました。 요시다 부장님이 퇴직하게 되었습니다.
② 工場に新しい機械が導入されることになりました。
공장에 새로운 기계를 도입하게 되었습니다.
③ 入社して営業部に配属されることになりました。 입사하여 영업부에 배속되었습니다.
④ 私は今度初めて海外出張することになりました。
저는 이번에 처음으로 해외로 출장가게 되었습니다.
⑤ 弊社はC社と業務提携することになりました。 저희 회사는 C사와 업무제휴를 하게 되었습니다.

협의

❷ ～ようにしてください

・資料は、前もって目を通すようにしてください。
자료는 미리 훑어봐 주시기 바랍니다.

「～ようにする」는 「～する」보다 부드러운 표현으로 사용할 수 있다. 「～ようにする」는 '가능한 한 어떤 조치를 취하다, 노력하다'의 의미이다. 「ようにしてください」는 가능한 한 노력해 달라고 요청하는 것이다. 「なるべく(가급적)」, 「できるだけ(가능한)」 등과 함께 사용한다.

실전 예문

⑥ オフィスを社員が快適に働けるようにします。
오피스를 사원이 쾌적하게 일할 수 있도록 하고 있습니다.

⑦ 必ず定期健康診断を受けるようにしてください。 반드시 정기 건강진단을 받도록 해 주세요.

⑧ こまめにオフィスの電気を切るようにしてください。
꼼꼼하게 오피스 전기를 끄도록 주세요.

⑨ ここではタバコを吸わないようにしてください。 여기서는 담배를 피우지 않도록 해 주세요.

⑩ できるだけ早めに報告書を提出するようにしてください。
가능한 한 미리 보고서를 제출하도록 해 주세요.

• 실전 이메일

🎧 Track 04-02

실전 예문 프레젠테이션에 관해 협의된 사항과 일정을 멤버들에게 메일로 전달하고 있다.

件名：打ち合わせの日程について

部員各位

お疲れ様です。李です。

来週水曜日、新規プロジェクトの営業戦略に関する打ち合わせを行うことに

なりました。

リーダーの川田係長が営業戦略のプレゼンをする予定です。

メンバーは配布資料を確認して、必ず参加するようにしてください。

• 日時：２０２１年9月２５日(水)　午前10時

• 場所：本社2階　会議室

• 案件：今後の営業戦略について

협의

▶ 다음 비즈니스 메일의 ( )에 적당한 표현을 넣어 비즈니스 메일을 작성하세요.

메일
작성1

営業部の李です。

来週の金曜日、木村部長の送別会を行う(1.)になりました。

会費は7000円、場所は「○○屋」で午後7時から開始します。

駐車場はありませんので、公共の交通手段を利用する(2.)に

してください。

메일
작성 2

この度、国立防災研究所の鈴木守氏を招いて、社員研修会を行う(1.)

なりました。

この研修会では地震発生時(2.)避難訓練(3.)し

ます。

社員の皆さんは、必ず研修会に参加する(4.)してください。

---

word

送別会 송별회   防災 방재, 재해 방지   避難訓練 피난훈련

이메일 쓰기

• 메일 쓰기 연습

▶ 앞에 나온 '실전 이메일'의 문장을 그대로 써 보세요. 그리고 모든 한자에는 예와 같이 위에 후리가
나를 쓰세요.

예

けんめい　けいやくこうしょう　きげん
　件名：契約交渉の期限について

협의

일본 신문의 종류에는 도도부현(都道府県)마다 발행되는 지방지(地方紙 – 이와테일보(岩手日報) 등), 복수의 도도부현에 걸쳐서 발행되는 블록지(ブロック紙 – 니시니혼신문(西日本新聞) 등), 그리고 모든 도도부현에서 발행되는 전국지(全国紙)가 있습니다. 전국지로는 요미우리신문(読売新聞), 아사히신문(朝日新聞), 마이니치신문(毎日新聞), 산케이신문(産経新聞), 니혼케이자이신문(日本経済新聞)의 5개가 있으며 각 신문사는 대강 다음과 같은 특색이 있습니다.

- 요미우리신문(読売新聞) https://www.yomiuri.co.jp/
  일본에서 발행부수가 가장 많은 신문. 폭넓은 세대를 고려해서 구성된 지면이 특징. 논조는 보수적.

- 아사히신문(朝日新聞) https://www.asahi.com/
  요미우리신문 다음으로 발행부수가 많은 신문. 대학교 입학시험에 자주 기사가 인용된다. 논조는 진보적.

- 마이니치신문(毎日新聞) https://mainichi.jp/
  사론을 통일하지 않으며 기자들의 자유로운 견해를 전달하는 것이 특징. 논조는 중도 온건.

- 산케이신문(産経新聞) https://www.sankei.com/
  독자적인 입장에서 솔직한 견해를 전달하는 것이 특징. 논조는 보수 우익적.

- 니혼케이자이신문(日本経済新聞) https://www.nikkei.com/
  경영자를 비롯한 비즈니스 종사자나 투자가가 애독하고 일본을 대표하는 경제신문. 논조는 보수적.

Part 3

<ruby>会<rt>かい</rt></ruby><ruby>議<rt>ぎ</rt></ruby>の<ruby>進<rt>しん</rt></ruby><ruby>行<rt>こう</rt></ruby>

회의 진행

第5課

かいぎ　しんこう
会議の進行

실전 회화

た　し
なるほど。確かにそうですね。

그렇군요, 확실히 그렇네요.

학습 목표

 실전회화 사내 회의를 진행하면서 질의응답을 할 수 있다.

| 주요 표현 |

たと　　　ちょちくがく　　しゅみ　つい　　じかん　　かね
例えば、貯蓄額とか趣味に費やす時間やお金とか…。
　　　　　　　　　　　たし
なるほど確かにそうですね。

주요 어휘와 표현

□ ていねん	定年	정년	
□ ターゲット		타깃, 대상	★target
□ シニアせだい	シニア世代	시니어세대	★senior
□ ちょちくがく	貯蓄額	저축금액	
□ しじょうちょうさ	市場調査	시장조사	
□ おっしゃる		말씀하시다	★「言う(말하다)」의 존경어

예문 확인

❶ 定年 정년
例 今年をもって、**定年**退職することになりました。
금년으로 정년퇴직하게 되었습니다.

❷ ターゲット 대상, 타깃
例 都市部に暮す富裕層が**ターゲット**です。
도시지역에서 생활하는 부유층이 대상입니다.

❸ シニア世代 시니어세대
例 **シニア世代**の嗜好性に変化が見られます。
시니어세대의 기호에 변화가 보여집니다.

❹ 貯蓄額 저축금액
例 ９０年代から2000年代の**貯蓄額**の推移を調べます。
90년대부터 2000년대의 저축금액 추이를 조사하겠습니다.

❺ 市場調査 시장조사
例 大規模な**市場調査**を来月より実施します。
대규모 시장조사를 다음 달부터 실시하겠습니다.

❻ おっしゃる 말씀하시다
例 申し訳ありません。**おっしゃる**事の意味がよく分からないのですが。 죄송합니다. 말씀하시는 의미를 잘 모르겠습니다만.

한자 쓰기 연습

定年	貯蓄額	市場	調査

---

word

富裕層 부유층 **嗜好性** 기호 성향 **推移** 추이 **大規模** 대규모

• 문법과 문형

1 例えば、貯蓄額とか趣味に費やす時間やお金とか…。
예를 들면, 저축금액이나 취미에 쓰는 시간 및 돈이나….

「～とか…とか」는 여러 가지 중에서 예시를 들어 표현할 때 사용한다. 「～や…など」에 비해서
구어체적인 표현이다.

실전 예문

① コーヒーとかお茶とか飲み物を給湯室に準備しておきます。
커피나 차 등 음료를 차 준비실에 준비해 두겠습니다.

② プレゼンとか会議とか今週はなにかと忙しいです。
프레젠테이션이나 회의라든가 이번 주는 웬일인지 바쁩니다.

③ コピー用紙とかファイルとか事務用品がいろいろ足りないんだけど。
복사 용지나 파일이라든가 사무용품이 여러 가지 부족한데.

④ 便利だとか使い勝手が良いとかお客様から好評をいただいております。
편리하다든가 사용하기 좋다든가 손님으로부터 호평을 얻고 있습니다.

⑤ ダイレクトメールを送るとかパンフレットを配るとか色々な営業活動をして
います。 다이렉트 메일을 보내든가 팸플릿을 배포하든가 여러 가지 영업활동을 하고 있습니다.

TIP! 비즈니스 용어 ②

• アサイン(assign) : 특정 사업에 인원을 배당하는 일

• キュレーション(curation) : 인터넷에서 정보를 수집하고 정리하는 일

• オージェーティー(OJT, On job training.) : 실제 업무를 통해 업무 내용을 익히는 훈련

• オフジェーティー(OffJT, Off job training) : 실제 업무를 하기 전에 업무 내용에 관한 훈련을 하는 것,

　직장 외 훈련이라고도 함

2 **なるほど。確かにそうですね。** 그렇군요. 확실히 그렇네요.

「なるほど」는 상대방의 언급에 대하여 호응하는 표현으로 '역시 / 과연, 그렇군요'라는 뜻이 된다. 다만, 우선 호응한 후에 다른 의견을 제시하는 경우에도 사용한다. 「なるほど。でもここはどうですか(그렇군요. 그런데 이곳은 어떻습니까?)」와 같이 사용한다.

실전 예문

⑥ なるほど。それは良いアイディアですね。 그렇군요. 그것은 좋은 아이디어군요.

⑦ なるほど。その考えは思いつきませんでした。 그렇군요. 그 생각은 하지 못했습니다.

⑧ これからはIOTに対応しなければならないということですか。なるほど。
이제부터는 IOT에 대응하지 않으면 안 된다는 말입니까? 그렇군요.

⑨ なるほど。それは一理ありますが、私の考えは少し違います。
그렇군요. 그것은 일리 있습니다만, 제 생각은 조금 다릅니다.

⑩ なるほど。しかし、私には納得できない部分があります。
그렇군요. 그러나 저에게는 납득할 수 없는 부분이 있습니다.

---

word

ダイレクトメール DM(Direct Mail), 다이렉트 메일(우편물 광고 등)　　**アイディア** 아이디어
IOT(Internet of Things) 사물 인터넷　**一理** 일리

실전 회화

• 회화 문장 연습

① **~とおっしゃる**

A 係長が、「シニア世代」についての調査が必要であるとおっしゃいました。
계장님이 '시니어세대'에 관한 조사가 필요하다고 말씀하셨습니다.

B なるほど。その調査を我がチームが担当することになったんですね。
그렇군요. 그 조사를 우리 팀이 담당하게 된 것이군요.

「~とおっしゃる」는 「~という」의 존경표현으로, '~라고 말씀하시다'라는 의미가 된다. 상급자의 이야기를 인용할 때 사용한다. 겸양표현은 「~と申し上げる」이다.

실전 예문

① 社長が「新規採用を増やす」とおっしゃいました。
사장님이 '신규채용을 늘린다'고 말씀하셨습니다.

② ○○社の山田部長が「連絡がほしい」とおっしゃっていました。
○○사 야마다 부장님이 '연락을 바란다'고 말씀하셨습니다.

③ 部長、山田健児さんとおっしゃる方がお見えです。
부장님 야마다 겐지 씨라는 분이 오셨습니다.

④ 規格変更とおっしゃいましても、規則によりそれはできません。
규격 변경이라고 말씀하셔도 규칙에 따라 그것은 안 됩니다.

⑤ 申し訳ありません。今何とおっしゃいましたか。 죄송합니다. 지금 뭐라고 말씀하셨습니까?

TIP! 비즈니스 용어 ③

• コンサルティング / コンサルタント(consulting/consultant) : 경영자 등에 대해서 해결책을 제시하여 기업의 성장을 도와주는 업무, 또는 그 일을 하는 사람

• コンセンサス(consensus) : 프로젝트를 진행할 때 미리 관계자들 의사를 일치시키는 일

• ブレインストーミング(brain storming) : 서로 아이디어를 내서 풍부한 발상을 만들어 내기 위한 회의 방법

2 ～てはどうかと思います

A プランのターゲットを対象にアンケートをしてはどうかと思います。
플랜의 타겟을 대상으로 설문조사를 하면 어떨까 합니다.

B はい。ホームページへアクセスした人を対象にしてみようと思います。
네, 홈페이지에 접속한 사람을 대상으로 해보려고 합니다.

「～てはどうかと思います」는 조심스럽게 의견을 제시할 때 사용한다. 「～てみましょう」보다 훨씬 소극적인 표현이며, 「～てはどうでしょうか」보다 부드러운 표현이라고 할 수 있다.

실전 예문

⑥ 商品のデザインを変えてはどうかと思います。
상품 디자인을 바꾸면 어떨까 합니다.

⑦ キャンペーンマスコットを作ってはどうかと思います。
캠페인 마스코트를 만들면 어떨까 합니다.

⑧ オンライン上に店舗を開設してはどうかと思います。
온라인 상으로 점포를 개설하면 어떨까 합니다.

⑨ 外部のコンサルタントに相談してはどうかと思います。
외부의 컨설팅에 상담하면 어떨까 합니다.

⑩ 生産工程を見直して無駄な部分を省いてはどうかと思います。
생산 공정을 재고하여 쓸데없는 부분을 줄이면 어떨까 합니다.

word

規格 규격　アンケート 앙케트, 설문조사　アクセス 접근, 접속　キャンペーンマスコット 캠페인 마스코트
店舗 점포　コンサルタント 컨설턴트　生産工程 생산 공정

실전 예문   사내 회의 중, 발표자와 동료 직원이 질의응답을 하고 있다.

中村^{なかむら} 以上^{いじょう}が新^{あたら}しい旅行^{りょこう}プランの内容^{ないよう}です。何^{なに}か質問^{しつもん}はありますか。

朴^{パク} あの、「シニア世代^{せだい}をねらった」とおっしゃいましたが…。

中村^{なかむら} ええ、新^{しん}プランは定年退職^{ていねんたいしょく}した夫婦^{ふうふ}をターゲットにしています。

朴^{パク} プランはすばらしいですが、シニア世代^{せだい}の暮^くらしぶりを調査^{ちょうさ}する

　　　 必要^{ひつよう}はありませんか。

中村^{なかむら} と、おっしゃいますと？

朴^{パク} 例^{たと}えば、貯蓄額^{ちょちくがく}とか趣味^{しゅみ}に費^{つい}やす時間^{じかん}やお金^{かね}とか…。

中村^{なかむら} なるほど。確^{たし}かにそうですね。

朴^{パク} シニア世代^{せだい}の具体的^{ぐたいてき}な市場調査^{しじょうちょうさ}をしてはどうかと思^{おも}います。

---

word

〜ぶり 모습, 방식

▶ 다음 비즈니스 회화문의 (   )에 적당한 표현을 넣어서 연습하세요.

회화 연습 1

A 「自由に旅行を」という要望が多かった(1.   )に、

新プランは「ワガママ」を売りにしました。

B 具体的に「ワガママ」と(2.   )？

A ホテル(3.   )食事(3.   )を

自由に選ぶことができます。

B なるほど。添乗員の有無も自由に選べるようにしては

(4.   )と思います。

회화 연습 2

A 部長、今度のキャンペーンは新たな手法を用いては

(1.   )。

B と、言うと。

A キャンペーンにSNSを利用する(2.   )、

イメージキャラクターを公募する(2.   )…。

B (3.   )。それは良い案だね。

회의 진행

실전 회화

• 롤플레이

▶ A, B에 쓰여 있는 역할에 맞게 회의 진행을 해 보세요.

A ○○社　社員1

今日は新商品のデザイン発表会です。新商品はティーンエージャー向けに開発された

ものです。あなたはデザインの素案をプレゼンしました。今は質疑応答の時間です。

プレゼンを聞いた社員2の意見や質問に答えましょう。

A : ○○사 사원 1

오늘은 신상품 디자인 발표회입니다. 신상품은 10대를 대상으로 개발된 것입니다. 당신은 디자인의 초안을 프레젠테이션 했습니다. 지금은 질의응답 시간입니다. 프레젠테이션을 들은 사원2의 의견 및 질문에 답해 보세요.

B ○○社　社員2

今日は新商品のデザイン発表会です。新商品はティーンエージャー向けに開発された

ものです。あなたはデザインの素案に関するプレゼンを聞きました。新商品の形は良

いと思いますが、色が地味です。ピンクや赤などの派手な色を使うことを提案してみ

ましょう。

B : ○○사 사원 2

오늘은 신상품의 디자인 발표회입니다. 신상품은 10대를 대상으로 개발된 것입니다. 당신은 디자인 초안에 관한 프레젠테이션을 들었습니다. 신상품의 모양은 좋다고 생각합니다만, 색상이 수수합니다. 분홍이나 빨강 등의 화려한 색을 사용하도록 제안해 봅시다.

---

word

ティーンエージャー 틴에이저,10대(신출)　　～向け ～용, ～를 대상으로 한　　質疑応答 질의응답　　素案 초안
地味だ 수수하다　　派手だ 화려하다

A ○○社 社員1
→

B ○○社 社員2
→

第6課

かい ぎ しん こう
会議の進行

이메일쓰기

おお じゅよう みこ
大きな需要が見込めるためです。

수요가 많을 전망이기 때문입니다.

학습 목표

이메일쓰기 사내 회의 결과를 메일로 보고할 수 있다.

| 주요 표현 |

らいねん なつ えんやす よそう おお じゅよう みこ
来年の夏は円安になると予想され、大きな需要が見込
めるためです。

りょこう しん せ だい しゃない
旅行プラン, 新プラン, シニア世代, 社内メール

주요 어휘와 표현

Track 06-01

□ えんやす	円安	엔화 약세	★↔ 円高 엔화 강세
□ じゅよう	需要	수요	★↔ 供給 공급
□ みこめる	見込める	전망하다	
□ ちゅうじゅんごろ	中旬頃	중순경	★上旬 상순, 下旬 하순
□ しゃないメール	社内メール	사내 메일	
□ つうち	通知	통지	

회의 진행

예문 확인

① 円安 엔화 약세

예 世界的な不況のため**円安**から円高に転じました。
세계적인 불황 때문에 엔화 약세에서 엔화 강세로 바뀌었습니다.

② 需要 수요

예 **需要**と供給のバランスを見極めます。
수요와 공급의 균형을 확인합니다.

③ 見込める 전망하다

예 今月は予想を上回る収益が**見込めます**。
이번 달은 예상을 웃도는 수익이 확실할 것 같습니다.

④ 中旬頃 중순경

예 新商品の発売は来月の**中旬頃**です。
신상품의 발매는 다음 달 중순경입니다.

⑤ 社内メール 사내 메일

예 **社内メール**のパスワードは定期的に変更してください。
사내메일의 비밀번호는 정기적으로 변경해 주세요.

⑥ 通知 통지

예 メッセージを受信した事を自動的に**通知**します。
메시지를 수신한 것을 자동적으로 통지합니다.

한자 쓰기 연습

円安	需要	社内	通知

word

円高 엔화 강세 転じる(=転ずる) 바뀌다 供給 공급 バランス 밸런스, 균형 上回る 웃돌다
収益 수익 パスワード 비밀번호 定期的に 정기적으로

• 문법과 문형

회의 진행

1 来年の夏は円安になると予想され、大きな需要が見込める
ためです。
내년 여름은 엔화 약세가 될 것으로 예상되어 수요가 많을 전망이기 때문입니다.

「～される」는「する」의 수동형으로 '～되다'의 뜻이 되는데,「する」보다 객관적인 느낌을 준다. 예를
들어「予想する(예상하다)」를「予想される(예상되다)」로 표현한다.

실전 예문

① 来年、A社とB社が経営統合すると見られます。
내년 A사와 B사가 경영 통합할 것이라고 보입니다.

② 売り上げの減少は中国の不況が影響していると思われます。
매상 감소는 중국의 불황이 영향을 끼치고 있다고 생각합니다.

③ 明日は降雪が予想され、配送に遅延が生じるかもしれません。
내일은 강설이 예상되고 배송에 지연이 생길지도 모릅니다.

④ 不良品の原因は設備の老朽化が考えられます。
불량품의 원인은 설비의 노후화로 생각됩니다.

⑤ 若い世代は消費意欲が少ないことが示唆されます。
젊은 세대는 소비 의욕이 적다는 것을 시사합니다.

TIP! 비즈니스 용어 ④

- アセスメント(assessment) : 대상이 주위에 끼치는 영향을 평가하는 것
- パワーハラスメント(パワハラ, power harassment) : 상사 등이 자신의 권력과 지위를 이용하
  여 가하는 괴롭힘
- リストラクチャリング(リストラ, restructuring) : 원래 사업의 재건축을 의미하지만,「リストラ」
  는 사원의 해고를 의미함

② 旅行プラン, 新プラン, シニア世代, 社内メール
여행플랜, 신플랜, 시니어세대, 사내메일

일본어의 어휘 구성 중에는 위의 단어와 같이 한자어와 외래어가 조합된 경우가 있다.
「ニュース速報(뉴스 속보)」, 「公式サイト(공식 사이트)」, 「元アナウンサー(전직 아나운서)」 등도 있다.

실전 예문

⑥ A社との合同コンペを開催します。 A사와의 합동 컴피티션을 개최합니다.

⑦ 弊社ではただいま特別キャンペーンを行っております。
저희 회사는 지금 특별 캠페인을 하고 있습니다.

⑧ 社員のストレス対策は重要な懸案事項だと思います。
사원의 스트레스 대책은 중요한 현안 사항이라고 생각합니다.

⑨ 生産ラインを止めて点検をします。 생산 라인을 멈추고 점검하겠습니다.

⑩ ライバル社との競争が熾烈を極めています。 라이벌 사와의 경쟁이 매우 치열해 지고 있습니다.

word

経営統合 경영통합	配送 배송	遅延 지연	設備 설비	老朽化 노후화	消費意欲 소비의욕, 소비욕구
示唆 시사	速報 속보	公式 공식	アナウンサー 아나운서	コンペ 컴피티션(competition), 공모전	
懸案事項 현안 사항	生産ライン 생산라인	ライバル社 라이벌 사	熾烈 치열		

•이메일 문장 연습

❶ 〜ためです[이유]

• 年金暮らしのシニア世代でも、旅行にはお金が出せるという調査結果が あるためです。

연금생활을 하는 시니어 세대라도 여행에는 돈을 지출할 수 있다는 조사결과가 있기 때문입니다.

「〜ためです」는 이유를 나타내는 표현으로, 「〜からです」보다 조금 딱딱한 문장체의 느낌을 준다. 예를 들어 「どのぐらいお金が出せるか調査するためです(어느 정도 지출할 수 있는지 조사하기 위해서입니다)」와 같이 목적을 나타내는 표현으로도 사용된다.

실전 예문

① 飛行機の欠航は大雪のためです。 비행기 결항은 폭설 때문입니다.

② プロジェクトの中止は政府が規制したためです。
프로젝트 중지는 정부가 규제했기 때문입니다.

③ 生産工程を緊急点検する理由は不良品が多く出るためです。
생산 공정을 긴급 점검하는 이유는 불량품이 많이 나오기 때문입니다.

④ 大雪のため飛行機が欠航しました。 폭설 때문에 비행기가 결항했습니다.

⑤ 政府が規制したためプロジェクトは中止になりました。
정부가 규제했기 때문에 프로젝트는 중지하게 되었습니다.

TIP! **일본에서 시니어 세대는 몇 살부터?**

정의가 다양하지만 시니어 세대는 일반적으로 50세~90세까지이며 세계보건기구에서는 65세 이상을 고령자라고 한다. 한편 이직 시장 「마이나비(マイナビ)」에서는 미들 시니어 세대는 40세~60세까지를 가리킨다.

그리고 도쿄도 위탁사업 도쿄일자리센터에서는 「ヤングコーナー(34세 이하)」, 「ミドルコーナー(30~54세)」, 「シニアコーナー(55세 이상)」로 분류하고 있다.

② ～ていただきますよう、お願いします

・プランの詳しいスケジュールを検討していただきますよう、お願いいたします。 플랜의 상세한 스케줄을 검토해 주실 것으로 부탁드립니다.

「～ていただきますよう、お願いします」는 '～해 주실 것을 부탁합니다'로 완곡한 의뢰표현이다. 기본 표현으로 「～てください(～해 주세요)」부터 「～ていただけますか(～해 주실 수 있습니까?)」「～ていただけませんか(～해 주실 수 있겠습니까?)」「～ていただきたいです(～해 주셨으면 좋겠습니다)」 등 보다 훨씬 완곡한 표현이다. 한편 「お願いします」보다 「お願いいたします」가 좀 더 겸손하고, 「お願い申し上げます」가 가장 겸손한 표현이다.

실전 예문

⑥ 支払日を厳守していただきますよう、お願いします。 지불일을 엄수하도록 부탁합니다.

⑦ 身分証を持参していただきますよう、お願いします。 신분증을 지참하시도록 부탁합니다.

⑧ 15階には1号エレベーターを利用していただきますよう、お願いします。
15층에는 엘리베이터 1호기를 이용해 주시기를 부탁합니다.

⑨ 申請書には写真を添付していただきますよう、お願いいたします。
신청서에는 사진을 첨부해 주시기를 부탁드립니다.

⑩ なにとぞ品評会に参席していただきますよう、お願い申し上げます。
아무쪼록 품평회에 참석하시기를 부탁드립니다.

word

年金暮らし 연금 생활　　**欠航** 결항　　**規制** 규제　　**緊急** 긴급　　**支払日** 지불일자　　**持参** 지참
品評会 품평회

실전 이메일

🎧 Track 06-02

실전 예문 사내 회의 협의 내용을 회사 동료들에게 메일로 전달하고 있다.

件名：新しい旅行プランの会議について

部員各位

企画開発部の朴です。

新しい旅行プランの会議についてご報告いたします。

新プランの旅行先は「沖縄」に決定しました。

来年の夏は円安になると予想され、大きな需要が見込めるためです。

今後はシニア世代の夫婦を対象にした市場調査を行う予定です。

調査結果は来月中旬頃に社内メールで通知します。

必ず調査結果を確認していただきますようお願いいたします。

---

word

企画開発部 기획개발부   旅行先 여행지

70

▶ 다음 비즈니스 메일의 (　　)에 적당한 표현을 넣어 비즈니스 메일을 작성하세요.

메일
작성1

社員各位

施設部の吉村です。今週の土日は正門が閉鎖(1.　　　　　　　　)、出入りが

できません。

バリアフリー化の工事を行う(2.　　　　　　　)です。

土日に出社する予定がある方は通用門を使って(3.　　　　　　　)、

お願いいたします。

회의
진행

메일
작성2

新しく施行(1.　　　　　　　　)法律によって、4月から化学薬品「XYZ」の

運搬が規制(2.　　　　　　　)。

一昨年、高速道路上で薬品流出事故が発生し、社会問題になった(3.　　　　)

です。

詳しい規制の内容は社内メールでお送りします。

必ず、メールを確認して(4.　　　　　　)、お願いします。

· 메일 쓰기 연습

▶ 앞에 나온 '실전 이메일'의 문장을 그대로 써 보세요. 그리고 모든 한자에는 예와 같이 위에 후리가나를 쓰세요.

예

けんめい　けいやくこうしょう　きげん

件名：契約交渉の期限について

일본인의 직업관 •

「お百姓さん(백성)」, 「お医者さん(의사)」, 「漁師さん(어부)」, 「大工さん(목수)」처럼 일본어의 직업을 나타내는 명사 중에는 미화어(美化語)를 만드는 접두사 「お」나 경칭인 「さん」이 붙는 것이 있는데, 이것은 그 사람이 가지는 전문성에 대해 친근감과 경의를 나타냅니다. 이처럼 일본에서는 '프로페셔널'에 큰 가치를 두고 '업무상의 책임을 다하지 않는 것은 프로가 아니다'라는 생각을 합니다. 또한, 개인보다 공동체를 우선하는 경향이 있는 일본에서는 '공동체(≒회사)를 위해 열심히 일하는 것이 프로'라는 생각이 있으며, 이것은 경제 활동이 활발해짐에 따라 과로사 문제 등의 사회문제를 일으켰습니다.

현재는 전망이 불투명한 경제상황과 관련하여 저렴한 임금으로 일하는 비정규직 노동자가 증가하는 등 새로운 노동문제가 생기자 젊은 세대를 중심으로 일에 대한 생각에 변화가 보입니다.

「社畜(사축)」은 사생활을 희생시키면서까지 회사에서 일하는 사람을 비꼬아 말하는 하는 신조어이며 '회사+가축'으로 구성되어 있는데, 이런 말에서 공동체를 위해 일한다는 것에 대해 부정적인 인식을 읽을 수 있습니다.

앞으로는 일을 우선하는 것이 아니라 사생활과 일의 균형인 「ワークライフバランス(Work-life balance)」을 중시하고 일하는 일본인이 늘어날 것으로 예상됩니다.

회의 진행

Part 4

お客様の応対(案内)

손님응대(안내)

 실전 회화

第7課 ただ今お茶をお持ちします。

지금 차를 가져오겠습니다.

 이메일 쓰기

第8課 平素は格別のご高配を賜り、厚くお礼を申し上げます。

평소 각별하게 배려해 주셔서 깊이 감사드립니다.

第7課

きゃくさま おうたい あんない
お客様の応対(案内)

실전 회화

ただ今お茶をお持ちします。

지금 차를 가져오겠습니다.

학습 목표

 실전 회화 방문한 손님을 맞이하여 안내할 수 있다.

| 주요 표현 |

お忙しいところご足労いただき、まことにありがとう
ございます。

ただ今お茶をお持ちします。

주요 어휘와 표현

□ ごそくろう	ご足労	걷는 수고	★'일부러 와 주셔서'라는 의미이다.
□ しさくひん	試作品	시제품	
□ しようする	試用する	시험 삼아 사용하다	
□ じしんさく	自信作	야심작, 자신 있는 제품	
□ ようい	用意	준비	★「用意(ようい)」는 「準備(じゅんび)」에 비해서 내용이 간단하고 시간이 걸리지 않는 일에 사용한다.
□ ～とうかがう	～と伺(うかが)う	～라고 듣다 [겸양어]	★「聞(き)く(듣다)」,「尋(たず)ねる(묻다)」,「訪問(ほうもん)する(방문하다)」의 겸양어

예문 확인

① ご足労(そくろう) 걷는 수고
예 お足下(あしもと)の悪(わる)い中(なか)、ご足労(そくろう)いただき、ありがとうございます。
길이 안 좋은데도, 이렇게 와주셔서 감사합니다.

② 試作品(しさくひん) 시제품
예 試作品(しさくひん)の開発(かいはつ)に多(おお)くの時間(じかん)を費(つい)やしました。
시제품의 개발에 많은 시간을 들였습니다.

③ 試用(しよう)する 시험 이용하다
예 購入前(こうにゅうまえ)に製品(せいひん)を試用(しよう)することはできますか。
구입 전에 제품을 시험적으로 사용해 볼 수 있습니까?

④ 自信作(じしんさく) 야심작
예 コンペには各社(かくしゃ)の自信作(じしんさく)が出品(しゅっぴん)されました。
대회에는 각 사의 야심작이 출품되었습니다.

⑤ 用意(ようい) 준비
예 申請(しんせい)には捺印(なついん)が必要(ひつよう)ですので、印鑑(いんかん)をご用意(ようい)ください。
신청에는 날인이 필요하므로 도장을 준비해 주세요.

⑥ うかがう 듣다
예 部長(ぶちょう)に昇進(しょうしん)なさったとうかがいましたが、おめでとうございます。 부장님으로 승진하셨다고 들었습니다만, 축하드립니다.

한자 쓰기 연습

ご足労	試作品	自信作	用意

word

お足下(あしもと) 발밑, 길   出品(しゅっぴん) 출품   捺印(なついん) 날인   印鑑(いんかん) 인감, 도장

1 お忙しいところご足労いただき、まことにありがとうございます。
바쁘신 와중에 발걸음 해 주셔서 정말로 감사드립니다.

「ご足労いただく」는 딱딱한 문장체 표현이며 「お越しいただく」、「お見えいただく」와 비슷한 경어표현으로 경도는 다르지만 「来てくれて」와 같은 의미다.

실전 예문

① わざわざご連絡いただき、まことにありがとうございます。
일부러 연락 주셔서 정말 감사드립니다.

② 今日はご招待いただき、まことにありがとうございます。
오늘은 초대해 주셔서 정말 감사드립니다.

③ 調査にご協力いただき、深く感謝いたします。
조사에 협력해 주셔서 깊이 감사드립니다.

④ 本日は、ご来訪いただき、まことに感謝申し上げます。
오늘은 방문해 주셔서 정말로 감사드립니다.

⑤ 日頃より弊社をご支援いただき、厚くお礼申し上げます。
평소 저희 회사를 지원해 주셔서 진심으로 감사드립니다.

TIP! 비즈니스 매너 ① – 방문객 마중

거래처에서 중요한 방문객이 올 경우에는 회사의 현관 입구나 접수처까지 맞이하러 가야한다. 약속

시간보다 조금 일찍 대기하도록 한다.

다만, 마중이 어려운 사정이 있을 경우 접수처에 내방객이 예정되어 있음을 사전에 반드시 알려두고,

어디로 안내해야 하는지도 미리 알려둔다.

② ただ今お茶をお持ちします。 지금 차를 가져오겠습니다.

「ただ今(지금)」와 같이, 같은 의미지만 정중한(격식 차린) 표현으로 다음의 예가 있다.

- 少し → 少々(조금)
- すぐ → 直ちに(바로)
- さっき → 先ほど(조금 전)
- あとで → 後ほど(나중에)
- これから → 今後(앞으로)

실전 예문

⑥ 少々、お待ちください。 잠시 기다려 주십시오.

⑦ 直ちに、作業に取り掛かります。 바로 작업에 들어가겠습니다.

⑧ 先ほど、連絡を差し上げた佐藤ですが。 좀 전에 연락드린 사토입니다만.

⑨ 後ほど詳しい内容をご説明します。 나중에 자세한 내용을 설명 드리겠습니다.

⑩ 今後、このような事がないよう十分に注意します。
앞으로 이와 같은 일이 없도록 충분히 주의하겠습니다.

손님응대(안내)

word

来訪 내방 **日頃より** 평소에, 언제나 **取り掛かる** 착수하다, 시작하다

실전 회화

• 회화 문장 연습

1 お気遣いなく / おかまいなく

A これ、沖縄からのクッキーです。よかったら、一ついかがですか。
이거, 오키나와 쿠키입니다. 괜찮으시면 한 개 어떠세요?

B あ、お気遣いなく。じゃ、一ついただきます。
아, 신경쓰지 마세요(=감사합니다). 그럼, 한 개 먹겠습니다.

「お気遣いなく」또는「おかまいなく」는 방문한 곳에서 상대방에게 차나 과자 등을 대접을 받을 때 관례적으로 쓰는 표현이다. 표현 자체는 '신경 쓰지 마세요'라는 뜻이지만, 감사를 나타낸다.

실전 예문

① A : 今、お茶をお持ちします。 지금 차를 가져오겠습니다.

B : あ、お気遣いなく。 아, 신경 쓰지 마세요.

② A : どうぞ、座布団をお使いください。 자(여기), 방석을 사용하십시오.

B : ありがとうございます。どうぞ、お気遣いなく。 고맙습니다, 신경 쓰지 마세요.

③ A : ホットコーヒーにしますか。それともアイスコーヒー？
따뜻한 커피로 하시겠습니까? 아니면 아이스커피?

B : どうぞ、お気遣いなく。じゃ、アイスで。 감사합니다. 그럼, 아이스로.

④ A : 帰りのタクシーをお呼びしましょうか？ 돌아가는 택시를 부를까요?

B : いいえ。本当にお気遣いなく。歩いて帰りますので。
아니요. 정말 신경 쓰지 마세요. 걸어서 돌아가기 때문에.

⑤ A : 寒いでしょ。今、ヒーターを付けます。 춥죠? 지금 히터를 켜겠습니다.

B : どうぞ、お気遣いなく。私は大丈夫ですので。 부디 신경 쓰지 마세요. 저는 괜찮으니까요.

손님응대(안내)

② お待ちしておりました / お待たせいたしました

A 〈受付で〉 ○○社の山本といいます。佐藤さんいらっしゃいますか。

〈접수처에서〉 ○○사의 야마모토라고 합니다. 사토 씨 계십니까?

B 山本部長、お待ちしておりました。ご案内いたします。

야마모토 부장님, 기다리고 있었습니다. 안내해 드리겠습니다.

A ありがとうございます。 감사합니다.

「お待ちしておりました」는 방문한 상대방에 대해서 '이쪽에서 기다리고 있었다'라는 뜻으로 '환영한다'는 관례적인 인사말이다. 한편, 「お待たせいたしました」는 상대방을 기다리게 했을 때 '많이 기다리셨지요'라는 정도의 뜻으로 사용한다. 기다리는 주체가 다르므로 잘 구분해서 사용해야 한다.

실전 예문

⑥ 鈴木様でいらっしゃいますね。お待ちしておりました。

스즈키 씨이시죠? 기다리고 있었습니다.

⑦ お待ちしておりました。本日はわざわざお越しいただきありがとうございます。

기다리고 있었습니다. 오늘은 일부러 와 주셔서 고맙습니다.

⑧ 吉田様がいらっしゃるのをお待ちしておりました。今日はよろしくお願いします。 요시다 님이 오시기를 기다리고 있었습니다. 오늘은 잘 부탁드립니다.

⑨ お待たせいたしました。さっそく会場にご案内いたします。

많이 기다리셨습니다. 바로 회장으로 안내해 드리겠습니다.

⑩ 皆様、大変、お待たせいたしました。ただ今より新製品の発表会を始めます。 여러분 대단히 많이 기다리셨습니다. 지금부터 신제품 발표회를 시작하겠습니다.

---

word

座布団 방석

● 회화 문장 연습

③ 〜とうかがいましたが

A あの、こちらでシニア世代向けの旅行プランを案内してもらえると伺いましたが。

저기, 여기에서 시니어 세대를 위한 여행플랜을 안내받을 수 있다고 들었습니다만.

B ありがとうございます。少々お待ちください。ただ今パンフレットをお持ちいたします。

감사합니다. 잠깐만 기다려 주세요. 지금 팜플렛을 가지고 오겠습니다.

「うかがう」는 '방문하다, 듣다, 질문하다' 등의 뜻을 가진 겸양어이다. 여기서 「〜とうかがいました が」는 '〜라고 들었습니다만'이라는 뜻이 된다. 어떤 사항에 대해서 상대에게 간접적으로 문의하 거나 확인하는 표현이다.

실전 예문

⑪ A : こちらが経理部とうかがいましたが。 이쪽이 경리부라고 들었습니다만.

B : はい、そうでございます。 네, 그렇습니다.

⑫ 御社では建築資材を扱っているとうかがいましたが。

귀사에서는 건축 자재를 취급하고 있다고 들었습니다만.

⑬ 御社の吉田部長は今年で定年退職とうかがいましたが。

귀사의 요시다 부장님은 올해 정년퇴직 하신다고 들었습니다만.

⑭ 1ヶ月間は割引されるとうかがいましたが、定額料金の請求が来たのは何故 でしょうか。

1개월간은 할인된다고 들었습니다만, 정액 요금이 청구된 것은 왜일까요?

⑮ 担当者が変わったとうかがいましたが、どなたに変わったのですか。

담당자가 바뀌었다고 들었습니다만, 어느 분으로 바뀌었나요?

---

word

建築資材 건축자재   定額料金 정액요금   請求 청구

| TIP! | 비즈니스 매너 ② - 手みやげ(들고 가는 간단한 선물) |

1. 어디서
– 거래처를 방문했을 때 응접실이나 회의실에서 건넨다.

2. 언제
– 명함 교환이나 인사가 끝난 후가 최적의 타이밍이다.

3. 누가 누구에게
– 상사와 동행한 경우 상사가 건네도록 한다. 혼자 방문한 경우 가장 지위가 높은 분에게 건넨다.

4. 어떻게
– 종이 가방에 뭔가 묻어 있을 가능성이 있으므로 종이 가방을 벗기고 가져가는 것이 매너이다. 상자에 글씨가 써 있는 경우 정면이 상대방에게 향하게 하여 건넨다.

5. 왜
– 분위기를 부드럽게 하는 역할도 하지만, 무엇보다 앞으로 좋은 관계를 유지하고 싶다는 의사 표시로 건넨다.

6. 무엇을
– 정답은 없지만 여름이라면 젤리 등 시원한 과자 같은 것이 좋다. 상대방의 취향에 맞춰 센스 있게 고르면 좋을 것이다.

실전 회화

🎧 Track 07-02

실전 예문 회사에 방문한 거래처 손님을 맞이하고 회의실로 안내하고 있다.

渡辺 佐藤様、お待ちしておりました。

佐藤 本日はお世話になります。

渡辺 いいえ。お忙しいところご足労いただき、まことにありがとう

ございます。

佐藤 本日は試作品を試用させていただけるとうかがいましたが…。

渡辺 はい。弊社の自信作です。会議室に用意しておりますので、

こちらへどうぞ。

(회의실로 이동 후)

渡辺 どうぞこちらへおかけください。ただ今お茶をお持ちします。

佐藤 あ、お気遣いなく。

渡辺 部長の山田もただ今参りますので、少々お待ちください。

▶ 다음 비즈니스 회화문의 (   )에 적당한 표현을 넣어서 연습하세요.

회화 연습 1

A 本日はお忙しいところ、ご(1.   )いただき、あり

がとうございます。

B いいえ。今日はキャンペーンCMの試写会と(2.   )。

A はい。試写会まで少々、時間がありますのでお茶をお持ちします。

B あ、(3.   )。

회화 연습 2

A (1.   )、ご足労いただき、ありがとうございます。

(2.   )おりました。

B 今日は、代金支払いの遅延について説明してもらえると

(3.   )。

A はい。誠意を持って説明させていただきます。

今、お茶をお持ちします。

B いいえ。どうぞ、(4.   )。

---

word --

試写会 시사회   **誠意** 성의

• 롤플레이

▶ A, B에 쓰여 있는 역할에 맞게 손님 응대를 해 보세요.

A ○○社 社員

あなたは広告代理店で働いています。○○社は△△社のCMを製作しました。今日は△△社の社員を招いて、CMの試写会を開きます。玄関で△△社の社員を出迎えて、試写会の会場まで案内してください。会場に着いたら、お茶やお茶菓子を出して応対しましょう。

A：○○사 사원

당신은 광고대리점에서 근무하고 있습니다. ○○사는 △△사의 CM을 제작하였습니다. 오늘은 △△사의 사원을 초청하여 CM 시사회를 했습니다. 현관에서 △△사의 사원을 맞이하여 시사회 회장까지 안내하세요. 회장에 도착하면 차나 과자를 내어 응대합시다.

B △△社 社員

あなたは△△社の広報部で働いています。△△社のCMの製作を○○社に依頼しました。今日は完成したCMの試写会が開かれるので、○○社に出向きます。玄関で○○社の社員が出迎えてくれました。挨拶をして、試写会の会場に行ってください。会場では○○社の社員が色々と気遣ってくれます。

B：△△사 사원

당신은 △△사의 홍보부에서 일하고 있습니다. △△사의 CM제작을 ○○사에 의뢰하였습니다. 오늘은 완성된 CM 시사회가 있으므로 ○○사에 방문했습니다. 현관에서 ○○사의 사원이 맞이해 주었습니다. 인사를 하고 시사회의 회장에 가세요. 회장에서는 ○○사의 사원이 여러 가지로 신경 써 줍니다.

---

word

広告代理店 광고대리점　　お茶菓子 다과　　広報部 홍보부

A ○○社　社員
→

B △△社　社員
→

第8課

お客様の応対(案内)

きゃくさま　おうたい　あんない

이메일쓰기

平素は格別のご高配を賜り、
へい そ　かく べつ　　　　こう はい　たまわ

厚くお礼を申し上げます。
あつ　　れい　もう　あ

평소 각별하게 배려해 주셔서 깊이 감사드립니다.

학습 목표

 이메일 쓰기　타사 고객에게 방문일정 등에 관해 메일을 보낼 수 있다.

| 주요 표현 |

平素は格別のご高配を賜り、厚くお礼を申し上げます。
へい そ　かく べつ　　　こう はい　たまわ　あつ　れい　もう　あ

お忙しいところ恐縮ですが、なにとぞご承諾いただけ
いそが　　　　　きょうしゅく　　　　　　　　　　しょうだく

ますようお願いいたします。
ねが

주요 어휘와 표현

🎧 Track 08-01

□ へいそ	平素	평소
□ かくべつ	格別	각별
□ ごこうはい	ご高配	깊은 배려
□ つごう	都合	사정, 상황
□ しょうだく	承諾	승낙

★「平素は[과거의 일]」와「平素より[과거부터 현재까지]」의 형태로 많이 사용한다.

손님응대(안내)

예문 확인

① 平素 평소　例 平素より大変お世話になっております。
평소 대단히 신세 많이 지고 있습니다.

② 格別 각별　例 格別のご厚情を賜り、まことにありがとうございます。
각별한 후의를 베풀어주셔서 정말로 감사합니다.

③ ご高配 깊은 배려　例 日頃は格別のご高配を賜り、厚くお礼申し上げます。
평소 각별한 배려를 해주셔서 진심으로 감사말씀 올립니다.

④ 都合 사정　例 打ち合わせはご都合の良い日をご指定ください。
사전 협의는 사정이 좋은 날을 지정해 주세요.

⑤ 承諾 승낙　例 契約書にご承諾願います。 계약서에 승낙해 주시기를 부탁드립니다.

한자 쓰기 연습

平素	格別	都合	承諾

word

ご厚情 후의　賜る 윗사람에게서 받다　指定 지정

문법과 문형

① 平素^{へいそ}は格別^{かくべつ}のご高配^{こうはい}を賜^{たまわ}り、厚^{あつ}くお礼^{れい}を申^{もう}し上^あげます。
평소 각별하게 배려해 주셔서 깊이 감사드립니다.

비즈니스 메일에서 서로 거래가 있는 상대방에게 첫인사로 사용하는 관례적인 표현이다. 기본적인 뜻은 「日頃^{ひごろ}は大変^{たいへん}お世話^{せわ}になっております(항상 대단히 신세지고 있습니다)」이며, 비슷한 표현으로 「〈가게 이용고객에게〉 平素^{へいそ}は当店^{とうてん}を御利用^{ごりよう}いただきご厚情^{こうじょう}のほど、心^{こころ}より御礼申^{おんれいもう}し上^あげます」, 「毎々格別^{まいまいかくべつ}のご愛顧^{あいこ}を賜^{たまわ}り、厚^{あつ}く御礼申^{おんれいもう}し上^あげます, 平素^{へいそ}はひとかたならぬご愛顧^{あいこ}を賜^{たまわ}り、厚^{あつ}く御礼^{おんれい}申^{もう}し上^あげます」 등이 있다.

실전 예문

① 平素^{へいそ}は格別^{かくべつ}のお引^ひき立^たてをいただき、厚^{あつ}くお礼申^{れいもう}し上^あげます。
평소 각별히 아껴 주셔서 깊이 감사드립니다.

② 平素^{へいそ}はひとかたならぬご愛顧^{あいこ}を賜^{たまわ}り、ありがとうございます。
평소 대단히 사랑해 주셔서 감사드립니다.

③ 毎度格別^{まいどかくべつ}のお引^ひき立^たてを賜^{たまわ}り、厚^{あつ}くお礼申^{れいもう}し上^あげます。
매번 각별히 아껴 주셔서 깊이 감사드립니다.

④ 平素^{へいそ}は格別^{かくべつ}のご厚誼^{こうぎ}にあずかり、厚^{あつ}くお礼申^{れいもう}し上^あげます。
평소 각별한 후의를 베풀어 주셔서 깊이 감사드립니다.

2 お忙しいところ恐縮ですが、なにとぞご承諾いただけますよう

お願いいたします。

다망하신 중에 송구합니다만, 아무쪼록 승낙해 주시기를 부탁드립니다.

「恐縮ですが」는 미안하고 송구스럽다는 의미이며, 상대방에게 부탁하기 전에 앞에 쓰이는 관례적

인 표현이다.

실전 예문

⑤ 恐縮ですが、名刺をいただけますか。 죄송하지만, 명함을 받을 수 있을까요?

⑥ たいへん恐縮ですが、たばこは外でお願いします。

매우 죄송하지만, 담배는 밖에서 부탁합니다.

⑦ まことに恐縮ですが、この後打ち合わせがありまして、私は先に失礼します。

정말 죄송하지만, 이후 미팅이 있어서 저는 먼저 실례하겠습니다.

⑧ 恐縮ですが、代金は先にいただきたいと存じます。

죄송하지만, 대금을 먼저 받고 싶습니다.

⑨ 恐縮ですが、そのような提案はお受けできません。

죄송하지만, 그런 제안은 수용할 수 없습니다.

---

word

当店 당점, 저희 가게   ご愛顧 사랑하고 보살펴 줌   毎度 매번   お引き立て 아껴줌, 높여줌   ご厚誼 후의

• 이메일 문장 연습

① ご〜いただく

• 来週、ご訪問いただく際、ご試食できるようにご用意いたします。
  다음 주 방문해 주실 때 시식하실 수 있도록 준비하겠습니다.

「ご〜いただく」는 자기를 낮추어 상대방의 행동을 높여서 언급하는 표현으로 '〜해 주시다'라는 뜻이 된다. 「ご(お)〜いただく」는 「〜てもらう」의미의 겸양어이고, 「ご(お)〜くださる」는 「〜てくれる」의미의 존경어이다.

실전 예문

① 御社からご協力いただいたプロジェクトが無事に完遂しました。
  귀사에서 협력해 주신 프로젝트를 무사히 완수했습니다.

② お客様からご提供いただいた声をもとに製品を開発します。
  손님이 제공해 주신 의견을 바탕으로 제품을 개발하겠습니다.

③ ご連絡いただいた案件について弊社で内容を確認しました。
  연락 주신 안건에 대해서 저희 회사에서 내용을 확인했습니다.

④ ご提案いただいたプランを重役会議で検討しました。
  제안해 주신 플랜을 중역회의에서 검토했습니다.

⑤ 御社からご推薦いただいたセキュリティシステムを採用しようと思います。
  귀사에서 추천해 주신 안전시스템을 채용하려고 합니다.

손님응대(안내)

2 ご～いただければと存じます

・サンプルをお送りいたしますので、ご検討いただければと存じます。
샘플을 보내드리므로 검토해 주시면 감사하겠습니다.

「ご～いただければと存じます」는 완곡한 부탁표현이다. 기본 표현인 「～してください」보다 훨씬 정중한 표현으로 「ご～いただきますようお願いします」와 비슷한 정도의 표현이다.

실전 예문

⑥ 資料をお送りしますので、ご確認いただければと存じます。
자료를 보내드리오니 확인해 주셨으면 합니다.

⑦ 何か問題がありましたら、ご連絡いただければと存じます。
무슨 문제가 있으시면 연락해 주셨으면 합니다.

⑧ なにとぞアンケートにご協力いただければと存じます。
아무쪼록 앙케트에 협력해 주셨으면 합니다.

⑨ 必ず説明会にご参席いただきますようお願いします。
반드시 설명회에 참석하시기를 부탁드립니다.

⑩ 申請書類の全ての欄を漏れなくご記入いただきますようお願いします。
신청서류의 모든 란에 빠짐없이 기입해 주시기를 부탁드립니다.

word

試食 시식　提供 제공　重役会議 중역회의　推薦 추천　欄 칸, 란　漏れなく 빠짐없이

• 실전 이메일 🎧 Track 08-02

실전 예문 거래처 담당자에게 회사에 방문해 주실 것을 메일로 요청하고 있다.

件名：試作品完成のお知らせ

株式会社イチゴ営業部長　佐藤正様

平素は格別のご高配を賜り、厚くお礼を申し上げます。

株式会社モモ営業部の李智民です。

この度御社からご注文いただいた製品の試作品が完成いたしました。

つきましては試作品のご説明をしたく、弊社にご訪問いただければと存じます。

日時については御社のご都合の良いお時間をご指定ください。

お忙しいところ恐縮ですが、なにとぞご承諾いただけますようお願いいたします。

---

word

日時 일시

손님응대(안내)

▶ 다음 비즈니스 메일의 (　　　)에 적당한 표현을 넣어 비즈니스 메일을 작성하세요.

메일 작성1

平素は格別のご(1.　　　　　　)を賜り、厚くお礼を申しげます。

お問い合わせ (2.　　　　　　)アフターサービスの概要の資料をお送りします。

まずは資料をご一読(3.　　　　　　)と存じます。

ご不明な点があれば何なりとお尋ねください。

메일 작성2

平素は格別のご高配を賜り(1.　　　　　　)お礼申し上げます。

ご連絡(2.　　　　　　)コピー機の故障について、本日、技術担当者を派遣いたしました。

(3.　　　　　　)ですが、担当者が到着次第、コピー機の不具合について、お話し(4.　　　　　　)と存じます。

ご不明な点は担当者に何なりとお尋ねください。

---

word

ご一読 한번 읽음　**お尋ね** 방문　**故障** 고장　**技術** 기술　**派遣** 파견　**~次第** ~하는 대로

不具合 상태가 좋지 않음　**何なりと** 무엇이든지

• 메일 쓰기 연습

▶ 앞에 나온 '실전 이메일'의 문장을 그대로 써 보세요. 그리고 모든 한자에는 예와 같이 위에 후리가나를 쓰세요.

예

けんめい　けいやくこうしょう　きげん
件名：契約交渉の期限について

회사에 방문한 손님은 응접실로 안내하며, 이때 상석으로 안내해야 합니다.

응접실의 경우 방 입구에서 먼 자리, 입구가 보이는 자리, 창에서 경치 등이 잘 보이는 자리가 상석입니다. 스크린이나 모니터가 설치된 회의실의 경우, 스크린이나 모니터가 잘 보이는 곳이 상석입니다. 일본식 와시츠(和室)의 경우에는 도코노마 가까운 곳이 상석입니다.

회의실이나 응접실에 안내된 손님이 스스로 상석에 앉는 것은 매너가 아닙니다. 특히 상대를 기다리는 경우에는 하석에 앉아 상대를 기다리는 것이 매너입니다. 그리고 가방은 책상 위에 놓지 않고 의자 옆 바닥에 내려 놓아야 합니다.

또한 엘리베이터에서도 문에서 가장 먼 쪽이 상석이며, 안내하는 사람이 계기판 앞에 서야 합니다.

엘리베이터를 탈 때 버튼을 누르고 거래처 손님, 상사가 타고 자신이 마지막에 타며, 내릴 때는 모두 내릴 때까지 열림 버튼을 누르고 마지막에 내립니다.

계단을 이용하는 경우 올라갈 때는 손님보다 뒤에서, 내려갈 때는 먼저 갑니다. 상대를 내려다보는 위치가 안 되도록 해야 하고 상대방이 넘어질 경우 밑에서 받아줄 수 있는 위치이기 때문이라고 합니다.

1. 응접실

2. 회의실

3. 일본식 와시츠

4. 엘리베이터 탑승시 상석 위치(번호)

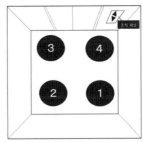

Part 5

お客様の応対(会議)

손님응대 (회의)

第9課

きゃくさま　おうたい　かいぎ
お客様の応対(会議)

실전 회화

いいえ、とんでもないです。

아닙니다, 별말씀을요.

학습 목표

실전회화 접수에서 손님을 맞이하고, 회의실에서 간단한 회의를 할 수 있다.

| 주요 표현 |

やまもと ぶ ちょう　　　　　しゃ　イーさま　み
山本部長、○○社の李様がお見えです。

いいえ、とんでもないです。

주요 어휘와 표현

🎧 Track 09-01

□ さいしゅうかくにん	最終確認	최종 확인	
□ いぞん	異存	다른 의견	★또는 반대 의견
□ しきんきょうりょく	資金協力	자금 협력	
□ こころづよい	心強い	든든하다	
□ ぎじゅつきょうりょく	技術協力	기술 협력	
□ はいけんする	拝見する	보다〈겸양어〉	★「見る」의 겸양어

손님응대〈회의〉

예문 확인

❶ 最終確認 최종 확인
〈예〉 プレゼンの手順を最終確認します。
프레젠테이션의 순서를 최종 확인합니다.

❷ 異存 이견, 다른 의견
〈예〉 決議に異存がない方は挙手をお願いします。
결의에 다른 의견이 없는 분은 거수해 주시기를 부탁합니다.

❸ 資金協力 자금 협력
〈예〉 取引先に資金協力を仰ぎます。
거래처에 자금협력을 바랍니다.

❹ 心強い 든든하다
〈예〉 銀行の融資を得られて心強いです。
은행의 융자를 받을 수 있어서 든든합니다.

❺ 技術協力 기술 협력
〈예〉 技術協力の交渉は決裂しました。
기술협력 교섭은 결렬되었습니다.

❻ 拝見する 보다〈겸양어〉
〈예〉 御社の収支報告書を拝見できますか。
귀사의 수지결산 보고서를 볼 수 있습니까?

✎ 한자 쓰기 연습

資金	技術	協力	拝見

---

word

手順 순서　決議 결의　挙手 거수　仰ぐ 바라다, 희망하다　融資 융자　決裂 결렬　収支 수지

문법과 문형

1 山本部長、△△社の李様がお見えです。
야마모토 부장님, △△사의 이 ○○ 님이 오셨습니다.

「お見えです」는「見える(오시다)」의 ます형에「お」가 붙은 존경표현이다. 예를 들어「選びましたか
(고르셨습니까?) → お選びですか」,「済みましたか(다 하셨습니까?) → お済みですか」와 같이 사용
한다. 「お ~になる」에 비해서는 경도가 약하다.

실전 예문

① 部長、○○社の山田課長がお着きです。 부장님, ○○사 야마다 과장님이 도착하셨습니다.

② お客様、何かお探しですか。 손님, 뭔가 찾으십니까?

③ お客様、会員の申請はお済みですか。 손님, 회원가입 신청은 끝나셨습니까?

④ どのようなプランをお望みですか。 어떤 플랜을 희망하십니까?

⑤ 今後の計画はどのようにお考えですか。 앞으로의 계획은 어떻게 생각하십니까?

TIP! 비즈니스 용어⑤

• ビートゥービー(B to B) : 기업간 거래. 기업이 기업과 사업하는 것. B는 Business를 나타낸다.

• ウィンウィン(Win–Win) : 서로 이익이 있는 관계성

• アライアンス(alliance) : 기업끼리 서로 이익을 얻기 위한 협력 관계

• イニシアチブ(initiative) : 주도권, 먼저 솔선하는 것

• インキュベーション(incubation) : 새로운 비즈니스를 시작하려는 기업의 성장을 촉진시키는
  지원활동

2 **いいえ、とんでもないです。** 아닙니다, 별말씀을요 / 당치도 않습니다.

「とんでもない」는 '의외다, 전혀 생각할 수 없다, 천만에(요)' 등의 뜻을 가지며, 비즈니스 장면에서는 겸손의 마음을 담아서 '전혀 그렇지 않다'는 의미로 주로 사용된다. 주의할 것은「とんでもない」가 하나의 형용사이므로,「とんでもないです」의 정중한 표현으로「とんでもありません」,「とんでもございません」과 같이 쓰는 것은 잘못된 표현이다. 실제로는 사용되는 경우가 있어서 혼동할 수 있으므로 주의하자. 참고로「きたない」,「少ない」도 마찬가지로, 하나의 형용사이므로 주의하자.

실전 예문

⑥ A : 大変、お世話になりました。 매우 신세를 졌습니다.

　B : とんでもないです。こちらこそお世話になりました。
　　　당치도 않습니다. 저야말로 신세 많았습니다.

⑦ A : 助けていただいてありがとうございます。 도와 주셔서 고맙습니다.

　B : とんでもないです。こちらこそ助かりました。
　　　당치도 않습니다. 저야말로 도움 많이 받았습니다.

⑧ A : いつもご迷惑をかけてすみません。 항상 폐를 끼쳐서 죄송합니다.

　B : とんでもないです。いつでもご連絡ください。 당치도 않습니다. 언제라도 연락 주십시오.

⑨ A : 特別会員は割引がないのですか。 특별회원은 할인이 없나요?

　B : とんでもないです。特別会員のみに割引があります。
　　　당치도 않습니다. 특별회원에게만 할인이 있습니다.

⑩ A : 御社が経営危機という噂があるのですが…。 귀사가 경영위기라는 소문이 있습니다만….

　B : とんでもないです。そんなことはありません。 당치도 않습니다. 그런 일은 없습니다.

word

済み 마치다, 끝마치다　　**望み** 희망하다, 원하다　　**割引** 할인　　**噂** 소문

- **회화 문장 연습**

① ～でいらっしゃる

A 失礼ですか、△△建設の渡辺さんでいらっしゃいますか。
실례지만, △△건설의 와타나베 씨이십니까?

B はい、そうですが。 네, 맞습니다만….

「명사＋でいらっしゃる」는 명사에 대한 존경어이다. 사람에 대한 존경어로 사용하는 경우가 많다.

실전 예문

① あちらが来賓の佐藤会長でいらっしゃいます。 저 분이 내빈인 사토 회장님이십니다.

② ○○社の吉田様でいらっしゃいますね。お待ちしておりました。
○○사 요시다 님이시지요? 기다리고 있었습니다.

③ ○○社の部長でいらっしゃる渡辺様が面会をお望みです。
○○사 부장님이신 와타나베 님이 면회를 요청하셨습니다.

④ 木村さんは昔、○○社の営業部長でいらっしゃいました。
기무라 씨는 예전에 ○○사 영업부장이셨습니다.

⑤ 以前の担当でいらっしゃった鈴木さんが挨拶にお見えです。
이전 담당하셨던 스즈키 씨가 인사하러 오셨습니다.

② わざわざおいでくださり

A 本日は、わざわざおいでくださり、大変恐れ入ります。
오늘 일부러 와 주셔서 대단히 감사드립니다.

B こちらこそお招きいただき、ありがとうございます。
저야말로 초대해 주셔서 감사드립니다.

「わざわざおいでくださり～」는 '일부러 와주셔서 ～'라는 뜻이며, 상대방이 온 것에 대한 감사를 표현하는 관례적인 표현이다. 「～くださって」나 「～くださいまして」와 같은 て형 표현보다, 중지형인 「～くださり」가 더 격식 차린 표현이다.

실전 예문

⑥ アンケートに協力_{きょうりょく}してくださり、ありがとうございます。 앙케트에 협력해 주셔서 고맙습니다.

⑦ いつも弊社_{へいしゃ}を使_{つか}ってくださり、まことにありがとうございます。
항상 저희 회사 제품을 사용해 주셔서 정말로 감사드립니다.

⑧ 弊社_{へいしゃ}を選_{えら}んでくださり、深_{ふか}く感謝申_{かんしゃもう}し上_あげます。 저희 회사를 선택해 주셔서 깊이 감사드립니다.

⑨ 支払_{しはら}いを待_まってくださり、たいへん恐縮_{きょうしゅく}です。 지불을 기다려 주셔서 매우 감사합니다.

⑩ この度_{たび}は講演_{こうえん}を快_{こころよ}く引_ひき受_うけてくださり、感謝申_{かんしゃもう}し上_あげます。
이번 강연을 흔쾌히 수락해 주셔서 감사드립니다.

---

❸ 拝見_{はいけん}します

A 御社_{おんしゃ}のパンフレットのデザインの修正_{しゅうせい}ができましたので、ご確認_{かくにん}お願_{ねが}いいたします。 귀사의 팜플릿 디자인 수정이 완성되었으니 확인 부탁드립니다.

B 拝見_{はいけん}します。 확인하겠습니다.

「拝見_{はいけん}する」는「見_みる」에 대한 겸양어이다. 반대로「見_みる」에 대한 존경어는「ご覧_{らん}になる」가 된다.「拝見_{はいけん}する」를 자칫 존경어로 착각할 수 있으므로 주의하자.

실전 예문

⑪ これが契約書_{けいやくしょ}ですね。拝見_{はいけん}します。 이것이 계약서군요. 살펴보겠습니다.

⑫ 御社_{おんしゃ}のIR情報_{じょうほう}を拝見_{はいけん}しましたが、業績_{ぎょうせき}が芳_{かんば}しくありませんね。
귀사의 IR정보를 보았습니다만, 업적 평판이 좋지 않네요.

⑬ 御社_{おんしゃ}の求人広告_{きゅうじんこうこく}を拝見_{はいけん}して、電話_{でんわ}したのですが。 귀사의 구인 광고를 보고 전화했습니다만,

⑭ 今朝_{けさ}の経済新聞_{けいざいしんぶん}をご覧_{らん}になりましたか。 오늘 아침 경제 신문을 보셨습니까?

⑮ 社長_{しゃちょう}は休憩時_{きゅうけいじ}はいつもニュースをご覧_{らん}になります。 사장님은 휴식하실 때 항상 뉴스를 보십니다.

---

word

来賓_{らいひん} 내빈   IR情報_{じょうほう} IR정보   芳_{かんば}しい 훌륭하다(「芳_{かんば}しくない(좋지 않다)」의 형태로 많이 쓰임)   求人広告_{きゅうじんこうこく} 구인광고

🎧 Track 09-02

실전 예문 ┄ 접수에서 손님을 맞이하고 회의실로 안내하여 회의를 진행하고 있다. ┄┄┄┄┄┄┄┄┄┄┄┄┄┄

朴（パク）　モモ社の朴と申します。

　　　　10時に営業部の山本部長とお約束しているのですが。

受付（うけつけ）　モモ社の朴様でいらっしゃいますね。少々、お待ちください。

（사내전화를 건다.）

　　　　山本部長、モモ社の朴様がお見えです。

（몇 분 뒤. 회의실에서）

山本（やまもと）　今日はわざわざおいでくださり、ありがとうございます。

朴・中村（パク・なかむら）　いいえ、とんでもないです。

山本（やまもと）　早速ですが、本日は契約内容の最終確認をお願いします。

（계약서를 보여준다.）

中村（なかむら）　拝見します。（……）はい、この内容で異存ありません。

106

▶ 다음 비즈니스 회화문의 (　　)에 적당한 표현을 넣어서 연습하세요.

회화 연습 1

A 今日はわざわざ(1.　　　　　　　　　　)、ありがとうございます。

B (2.　　　　　　　)ないです。
今日は製品発表会の段取りを決めるんでしたね。

A はい。これがその計画表です。

B (3.　　　　　)します。(……) なるほど。
発表会には○○社の木村さんもいらっしゃいますか。

A はい。お(4.　　　　　　)です。

회화 연습 2

A 御社主催の企業交流会には、○○社の木村さんも

(1.　　　　　　　)ですか。

B はい。それから、△△社の佐藤さんも(1.　　　　　　)です。

これが参加企業と参加者のリストです。

A (2.　　　　　　　)します。(……) この「吉田始」さんという方は?

B □□社の営業部長で(3.　　　　　　)。

----

word

段取り 일이나 작업의 순서, 절차　　**主催** 주최　　**交流会** 교류회

실전 회화

• 롤플레이

▶ A, B, C에 쓰여 있는 역할에 맞게 손님 응대에 관한 대화를 해 보세요.

A ○○社　社員

あなたは○○社の開発部で働いています。今日は△△社を訪問します。まず、受付を済ませてください。会議室に着いたら△△社の依頼で製作した試作品を△△社の社員2に見せましょう。そして、商品化の了承を得てください。

A : ○○사 사원
당신은 ○○사의 개발부에서 일하고 있습니다. 오늘은 △△사를 방문합니다. 먼저 접수를 해주세요. 회의실에 도착하면 △△사의 의뢰로 제작한 시작품을 △△사의 사원 2에게 보여 주세요. 그리고 상품화하도록 승낙을 받읍시다.

B △△社　社員1(部下)

あなたは△△社の受付で働いています。今日は○○社の社員が来社する予定です。○○社の社員が来たら、名前を確認し、来社したことを上司に伝えてください。

B : △△사 사원 1(부하)
당신은 △△사의 접수에서 일하고 있습니다. 오늘은 ○○사의 사원이 내사할 예정입니다. ○○사의 사원이 오면 이름을 확인하고, 내사했음을 상사에게 전하세요.

C △△社　社員2(上司)

あなたは△△社の営業部で働いています。今日は○○社開発部の社員が来て試作品を見せてくれる予定です。試作品を見て、問題がなければ製品化を了承しましょう。

C : △△사 사원 2(상사)
당신은 △△사의 영업부에서 일하고 있습니다. 오늘은 ○○사 개발부의 사원이 와서 시작품을 보여줄 예정입니다. 시작품을 보고 문제가 없다면 제품화할 것을 승낙하세요.

word

済ませる 끝내다, 마치다 　**来社** 내사 　**了承** 승낙함, 양해

A ○○社　社員
➡

B △△社　社員1(部下)
➡

C △△社　社員2(上司)
➡

第10課

きゃくさま　おうたい　かいぎ
お客様の応対(会議)

이메일쓰기

ふか　かんしゃ　もう　あ
深く感謝を申し上げます。

깊이 감사 말씀 올립니다.

학습 목표

 방문했던 손님에게 메일로 감사인사를 할 수 있다.

| 주요 표현 |

ふか　かんしゃ　もう　あ
深く感謝を申し上げます。

りゃく ぎ　　　　　　　と　いそ
略儀ながら、取り急ぎ メールにて。

주요 어휘와 표현 　　　　　　　　　🎧 Track 10-01

□ きたいにこたえる	期待に応える	기대에 부응하다	
□ おおいに	大いに	크게, 많이	
□ すえながい	末永い	오랫동안	
□ あいこ	愛顧	사랑하고 보살펴줌	★주로「ご愛顧」로 사용한다
□ りゃくぎながら	略儀ながら	간단하지만	
□ たまわる	賜る	받다	★「もらう」의 겸양어

손님응대(회의)

예문 확인

1 期待に応える
기대에 부응하다

예 お客様のご期待に応えられるよう努力いたします。
손님의 기대에 부응할 수 있도록 노력하겠습니다.

2 大いに 크게

예 御社のご提案を大いに参考にさせていただきます。
귀사의 제안을 전적으로 참고하도록 하겠습니다.

3 末永い 오래, 계속

예 今後とも末永いお付き合いをよろしくお願い申し上げます。 앞으로도 계속 거래해 주시기를 잘 부탁드리겠습니다.

4 愛顧 사랑과 보살핌

예 今後とも変わらぬご愛顧をよろしくお願い申し上げます。 앞으로도 변함없는 사랑과 보살핌을 잘 부탁드리겠습니다.

5 略儀ながら 간단하지만

예 本来は直接ご挨拶申し上げるところを略儀ながらメールで失礼します。 원래는 직접 인사말씀 올려야 합니다만 간략하게나마 메일로 실례하겠습니다.

6 賜る 받다

예 本日はご臨席を賜り、まことにありがとうございます。
오늘은 참석해 주셔서 정말로 감사드립니다.

🖉 한자 쓰기 연습

期待	末永い	ご愛顧	略儀

word

お付き合い 거래, 의리상의 교제, 사귐　　臨席 참석, 자리를 함께 함

① 深く感謝を申し上げます。 깊이 감사 말씀 올립니다.

「申し上げる」는「言う」의 겸양어로 매우 정중하게 감사 인사를 하는 표현이다.「厚く御礼申し上げます(깊이 감사드립니다)」,「よろしくお願い申し上げます(잘 부탁드립니다)」와 같이 감사나 부탁을 할 때 자주 사용된다.

실전 예문

① 快く依頼を引き受けてくださり、感謝申し上げます。
흔쾌히 의뢰를 수락해 주셔서 감사드립니다.

② この度のご支援に深く感謝申し上げます。
이번 지원에 깊이 감사드립니다.

③ 弊社製品を採用してくださり、厚くお礼申し上げます。
저희 회사 제품을 채용해 주셔서 정중히 감사드립니다.

④ 調査にご協力くださり、厚くお礼申し上げます。
조사해 협력해 주셔서 정중히 감사드립니다.

⑤ なにとぞご理解くださいますよう、お願い申し上げます。
아무쪼록 이해해 주시기를 부탁드립니다.

2 **略儀ながら、取り急ぎメールにて。** 간략하게나마 급한대로 메일로 보냅니다.

메일로 다시 한 번 감사 인사를 보내는 경우 「略儀ながら(약식으로나마, 간략하게나마)」를 사용하여 겸손하게 마무리 한다.

실전 예문

⑥ 略儀ながら、取り急ぎメールにてお礼申し上げます。
간략하게나마 우선 급한 대로 메일로 감사드립니다.

⑦ 略儀ながら、まずはメールにてお詫び申し上げます。
간단하게나마 우선 메일로 사죄드립니다.

⑧ 略儀ながら、以上で私の挨拶とさせていただきます。
간단하게나마 이상으로 인사를 대신하겠습니다.

⑨ 略儀ながら、書中をもってご挨拶申し上げます。
간단하게나마, 편지로 인사를 드립니다.

⑩ 本来はお目にかかってお礼申し上げるべきを略儀ながら、書面にて代えさせていただきます。 본래 찾아뵙고 인사를 드려야겠지만, 간략하게나마 서면으로 인사를 드립니다.

---

word

快く 흔쾌히   **協力** 협력   **書中** 서신   **書面** 서면, 문서, 편지

• 이메일 문장 연습

① ご期待に応えられる

• ご期待に応えられるべく、部員一同、頑張りましたので、どうぞよろしくお願い申し上げます。 기대에 부응할 수 있도록 부원 일동 열심히 했으므로, 아무쪼록 잘 부탁드립니다.

「ご期待に応えられる」는 '기대에 부응할 수 있다'는 의미이며, '열심히 하겠다'라는 의미로 사용된다.

실전 예문

① 弊社は「お客様のご期待に応える」ことを第一に考えております。
저희 회사는 '손님의 기대에 부응한다'는 것을 제일 우선으로 생각하고 있습니다.

② 申し訳ありませんが、そのご期待には応えることができません。
죄송합니다만, 그 기대에 부응할 수 없습니다.

③ この度はご期待に応えることができず、まことに申し訳ありません。
이번은 기대에 부응할 수 없어 정말로 죄송합니다.

④ ご期待に応えられるよう鋭意努力して参ります。
기대에 부응할 수 있도록 전심으로 노력하겠습니다.

② ～する所存でござる

• 二度とこのような不祥事を起こさないよう、厳重に注意する所存でございます。 두 번 다시 이와 같은 불상사가 일어나지 않도록, 엄중하게 주의하도록 하겠습니다.

「～する所存でござる」는 극존칭에 가까우며, '～할 생각이다, ～하도록 하겠다'라는 의미이다.

실전 예문

⑤ 今後とも鋭意努力する所存でございます。 앞으로도 전심으로 노력할 생각입니다.

⑥ 弊社は積極的に海外展開を進める所存でございます。
저희 회사는 적극적으로 해외 전개를 진행해 나갈 생각입니다.

⑦ 社員の不手際は厳重に処分する所存でございます。 사원의 실수는 엄중하게 처벌하도록 하겠습니다.

⑧ お客様のご批判は甘んじて受ける所存でございます。 손님의 비판은 달게 받도록 하겠습니다.

⑨ 弊社に責任があった場合は社長職を辞する所存でございます。
저희 회사에게 책임이 있는 경우는 사장직을 그만두도록 하겠습니다.

3 (ご愛顧を)賜る

• 今後とも変わらぬご愛顧を賜りますようお願い申し上げます。
앞으로도 변함없이 보살펴 주실 것을 부탁 올립니다.

주로 거래관계에 있는 상대방에게 관례적으로 사용하는 표현으로, 그 동안 보살펴주셔서 감사하다거나 앞으로도 잘 보살펴 달라는 의미이다. 「賜る」는 윗사람에게 '받다'라는 의미의 겸양어로, 윗사람이 '주시다'라는 의미의 존경어로도 사용된다.

실전 예문

⑩ 平素よりご愛顧を賜りまして、まことにありがとうございます。
평소 돌보아 주셔서 정말로 감사드립니다.

⑪ 今後とも多くのご支援を賜りますよう、心よりお願い申し上げます。
앞으로도 많은 지원을 해 주시기를 진심으로 부탁드립니다.

⑫ 日頃より多くのご協力を賜りまして、心よりお礼申し上げます。
평소 많은 협력을 해 주셔서 진심으로 감사드립니다.

⑬ このようなありがたいお言葉を賜りまして、たいへん嬉しく思っております。 이와 같은 고마운 말씀을 해 주셔서 대단히 기쁘게 생각합니다.

⑭ 御社よりお礼の品を賜りまして、まことに恐縮に存じます。
귀사로부터 감사품을 받아 정말로 황송하게 생각합니다.

word

部員一同 부원 일동   **鋭意** 예의(어떤 일을 잘하려는 마음)   **不祥事** 불상사   **厳重に** 엄중하게   **処分** 처분

所存 의견(겸양어), 생각   **不手際** 서투름, 실수   **甘んじて** 달게   **辞する** 그만 두다

실전 이메일

🎧 Track 10-02

실전 예문 회사를 방문해 계약을 체결한 거래처 직원에게 메일로 감사인사를 하고 있다.

件名：お礼のご挨拶

株式会社イチゴ営業部　山本大介様

いつも大変お世話になっております。株式会社モモ営業部の李民告です。

この度は弊社との契約締結を快くご承諾いただき、深く感謝を申し上げます。

御社のご期待に応えられるよう、今後大いに努力する所存でございます。

なにとぞ末永いご愛顧を賜りますようお願いいたします。

略儀ながら、取り急ぎメールにてお礼のご挨拶を申し上げます。

이메일 쓰기

종합 연습 ●

손님응대(회의)

▶ 다음 비즈니스 메일의 (　　　)에 적당한 표현을 넣어 비즈니스 메일을 작성하세요.

메일 작성1

この度は御社の清掃に関する業務委託に弊社をお選びいただき、深く感謝を

(1.　　　　　　　　)

御社のご期待に (2.　　　　　　　)よう、大いに励む (3.　　　　　　　)です。

今後とも変わらぬご (4.　　　　　　　　)を賜りますよう、お願い申し上げます。

(5.　　　　　　　)ながら、取り急ぎメールにてお礼の挨拶を申し上げます。

메일 작성2

この度は弊社との提携を快くご了承くださり、深く感謝を (1.　　　　　　　)。

御社の (2.　　　　　　　)に応えられるよう、多いに努力する (3.　　　　　　　)

でございます。

今後ともご愛顧を (4.　　　　　　　)よう、お願い申し上げます。

略儀ながら、取り急ぎメールにてお礼の挨拶を申し上げます。

---

word --

業務委託 업무위탁　　**提携** 제휴

• 메일 쓰기 연습

▶ 앞에 나온 '실전 이메일'의 문장을 그대로 써 보세요. 그리고 모든 한자에는 예와 같이 위에 후리가
나를 쓰세요.

예

けんめい　けいやくこうしょう　きげん
件名：契約交渉の期限について

차는 손님 뒤편에 서서 오른쪽에서 내려놓습니다. 찻잔을 오른손으로 들고 왼손은 갖다 대고, 차를 낼 때는 「どうぞ、失礼します」라고 조용히 말합니다. 손님 쪽의 왼쪽에 차를, 물수건은 오른쪽에 놓으며, 차가운 차의 경우에는 코스터를 놓고 그 위에 컵을 놓습니다. 찻잔에 무늬가 있는 경우에는 손님에게 보이도록 찻잔을 놓습니다.

커피나 홍차는 손잡이가 오른쪽으로 가게 하여 커피 잔과 함께 두 손으로 놓으며 스푼, 밀크, 설탕은 잔의 앞쪽에 둡니다.

맛있는 차 만들기

1. 먼저 찻잔에 따뜻한 물을 넣어 데운다.

2. 차 포트에 차잎을 넣고 물을 넣어 1분간 우린다.

   손님용의 차 온도는 70~90도가 적당하다.

3. 차의 맛이 균일하도록 찻잔에 조금씩 순서대로 따른다. 찻잔의 7부 정도만 따른다.

4. 쟁반에 찻잔을 놓고 차 받침은 따로 겹쳐 놓는다. 차 받침 위에 찻잔을 올리고 손님에게 드린다.

Part 6

<ruby>協<rt>きょう</rt>議<rt>ぎ</rt>日<rt>にっ</rt>程<rt>てい</rt>の調<rt>ちょう</rt>整<rt>せい</rt></ruby>

협의일정 조율

 第11課

실전 회화

実は今月は赤字になるおそれがあって。

실은 이번 달은 적자가 될 우려가 있어서.

 第12課

이메일 쓰기

今後ともお引き立てのほどよろしくお願い申し上げます。

앞으로 많이 도와주시기를 잘 부탁드립니다.

第11課

きょう ぎ にっ てい　　　 ちょう せい
協議日程の調整

실전 회화

じつ　　 こんげつ　 あか じ
実は今月は赤字になるおそれがあって。

실은 이번 달은 적자가 될 우려가 있어서.

학습 목표

 타사 사람과 갑작스럽게 일정을 조율하는 협의를 할 수 있다.

| 주요 표현 |

じつ　 こんげつ　 あか じ
実は今月は赤字になるおそれがあって。
もう　 わけ　　　　　　　　　　　　 う あ　　　 すこ　 えん き
申し訳ありませんが、打ち合わせを少し延期していた
だけませんか。

주요 어휘와 표현

🎧 Track 11-01

□ あかじ	赤字	적자
□ えんき	延期	연기
□ さしつかえ	差し支え	지장, 문제
□ くろじ*	黒字	흑자
□ えんちょう*	延長	연장

*: 관련 어휘

협의 일정 조율

예문 확인

① 赤字 적자
예 今年度の収益が赤字に転落してしまいました。
금년도의 수익이 적자로 전락해 버렸습니다.

② 延期 연기
예 取引先に会議の延期を申し入れます。
거래처에 회의를 연기할 것을 요청 드립니다.

③ 差し支え 지장
예 何か差し支えがあれば遠慮なくおっしゃってください。
무엇인가 지장이 있으시면 기탄없이 말씀해 주세요.

④ 黒字 흑자
예 黒字への転換が見込めるようになりました。
흑자로 전환될 전망이 보입니다.

⑤ 延長 연장
예 緊急の連絡事項は時間の延長に関することです。
긴급 연락사항은 시간 연장에 관한 것입니다.

✓ 한자 쓰기 연습

赤字	延期	差し支え	黒字

word

転落 전락　　転換 전환　　連絡事項 연락사항

● 문법과 문형

협의 일정 조율

① 実は今月は赤字になるおそれがあって。 실은 이번 달은 적자가 될 우려가 있어서.

「おそれがある」는 '우려가 있다'라는 의미로, 부정적인 결과가 예상되는 경우 사용하는 표현이다. 예를 들어 「納期に遅れるおそれがある(납기에 늦을 우려가 있다)」, 「契約破棄のおそれがある(계약 파기될 우려가 있다)」 등과 같이 사용된다.

실전 예문

① このままでは業績が下がるおそれがあります。
이대로는 실적이 내려갈 우려가 있습니다.

② 豪雪で業務に支障が出るおそれがあります。
폭설로 업무에 지장이 나올 우려가 있습니다.

③ 製品を不適当に扱った場合は故障するおそれがあります。
제품을 부적절하게 취급한 경우 고장이 날 우려가 있습니다.

④ 怪我をするおそれがありますので、取り扱いにご注意ください。
다칠 우려가 있기 때문에 취급에 주의하십시오.

⑤ 利益損失のおそれがある場合の対処を考えます。
이익 손실의 우려가 있는 경우의 대처를 강구 하겠습니다

TIP!	의뢰하기

일을 의뢰할 때 애매하게 얘기를 하면 상대방이 무엇을 해야 할지 모른 채 일을 진행하게 되기 때문에 목적이나 납기 등은 확실하게 구체적으로 전달할 필요가 있다. 또한 의뢰 내용 설명이 끝난 뒤에 의문이 없는지 질문하는 것도 좋다. 거래처에 용건을 의뢰하는 경우에는 먼저 '의뢰장'을 보내 검토하도록 하고 후일 정식으로 의뢰하는 것이 예의이다.

2 申し訳ありませんが、打ち合わせを少し延期していただけませんか。
죄송하지만, 미팅을 조금 연기해 주시지 않겠습니까?

일정을 미뤄달라고 부탁할 때, 「延期していただけませんか」 또는 「伸ばしていただけませんか」로 표현한다.

실전 예문

⑥ 恐れ入りますが、ミーティングの日程を延期していただけませんか。
죄송하지만, 미팅 일정을 연기해 주시지 않겠습니까?

⑦ 恐れ入りますが、工場見学の日程を延期していただけませんか。
죄송하지만 공장 견학의 일정을 연기해 주시지 않겠습니까?

⑧ 申し訳ありませんが、会議をあさってに延期していただけませんか。
죄송하지만, 회의를 모레로 연기해 주시지 않겠습니까?

⑨ 申し訳ありませんが、支払いを少し延していただけませんか。
죄송하지만, 지불을 조금 연기해 주시지 않겠습니까?

⑩ 申し訳ありませんが、納入の期限を延していただけませんか。
죄송하지만, 납기 기한을 연기해 주시지 않겠습니까?

word

豪雪 폭설　　**支障** 지장　　**利益損失** 이익손실

● **회화 문장 연습**

협의 일정 조율

---

① 〜ことになりまして

A 大変申し訳ありませんが、日程を延期することになりまして…。
　정말 죄송합니다만, 일정을 연기하게 되어서….

B 延期ですか。すると、今月中は難しいということですか。
　연기입니까? 그러면 이번 달 중에는 어렵다는 것인가요?

A はい、おそらく来月の初め頃になるのではということで。
　네, 아마도 다음 달 초쯤이 될 듯합니다만.

「〜ことになりまして」는 어떤 상황이나 사정을 우선 설명하는 표현으로서 '〜하게 되어서'라는 뜻이다. 요청이나 부탁하는 내용이 후속되는 경우가 많지만, 우선 설명을 하고 상대방의 반응을 기다리는 표현이다.

실전 예문

① 商品発表会ですが、当日会場を借りられないことになりまして…。
　상품 발표회입니다만, 당일 회장을 빌릴 수 없게 되어서….

② 来週の会議ですが、実は私が海外出張することになりまして…。
　다음 주 회의인데요, 실은 제가 해외 출장을 가게 되어서….

③ 申し訳ありませんが、その日は上司の送別会をすることになりまして…。
　죄송하지만, 그 날은 상사의 송별회를 하게 되어서….

④ 急に銀行の融資を受けられないことになりまして…。
　갑자기 은행 융자를 받을 수 없게 되어서….

⑤ 担当の者が急に会社を辞めることになりまして…。
　담당자가 갑자기 회사를 그만두게 되어서….

② 差し支(つか)えありません

A 日程(にってい)は変(か)わりましたが、場所(ばしょ)はそのままですか。
일정이 바뀌었습니다만, 장소는 그대로입니까?

B あ、実(じつ)は、場所(ばしょ)も本社(ほんしゃ)の会議室(かいぎしつ)から、支社(ししゃ)の方(ほう)になるのですが、
本社(ほんしゃ)から10分(じゅっぷん)ほど離(はな)れている支社(ししゃ)になります。いかがでしょうか。
아, 실은, 장소도 본사 회의실에서 지사 쪽으로 될 것 같은데, 본사에서 10분 정도 떨어져 있는 지사입니다. 어떠신지요?

A あ、近(ちか)いなら差(さ)し支(つか)えありません。 아, 가깝다면 지장 없습니다.

「差(さ)し支(つか)えありません」은 '괜찮습니다'라는 뜻으로서 딱딱한 문장체이지만 정중한 느낌을 줄 수 있다.
한편 「差(さ)し支(つか)えなければ」는 '괜찮으시다면'이라는 뜻으로, 「差(さ)し支(つか)えなければお電話番号(でんわばんごう)を教(おし)えていただけませんでしょうか」와 같이, 회사에 전화를 건 상대방에게 전화번호를 알려줄 수 있느냐고 물어보는 경우에 사용한다.

실전 예문

⑥ はい。大丈夫(だいじょうぶ)です。その日(ひ)は差(さ)し支(つか)えありません。
네. 괜찮습니다. 그 날은 지장 없습니다.

⑦ 私(わたくし)どもの方(ほう)では何(なん)の差(さ)し支(つか)えもありません。
저희들은 아무런 지장이 없습니다.

⑧ 来週(らいしゅう)に会合(かいごう)を開(ひら)きたいのですが、差(さ)し支(つか)えはありませんでしょうか。
다음 주에 회합을 열고 싶습니다만, 괜찮으실까요?

⑨ 差(さ)し支(つか)えなければ、御社(おんしゃ)の経営戦略(けいえいせんりゃく)に関(かん)する資料(しりょう)を拝見(はいけん)したいのですが。
괜찮으시다면 귀사의 경영전략에 관한 자료를 보고 싶습니다만.

⑩ 差(さ)し支(つか)えなければ、弊社(へいしゃ)までお越(こ)しいただきたいのですが。
괜찮으시다면 저희 회사까지 와 주셨으면 합니다만.

---

word

融資(ゆうし) 융자　支社(ししゃ) 지사　会合(かいごう) 회합

실전 회화

실전 예문 갑작스럽게 변경된 일정을 거래처 직원과 협의하여 조절하고 있다.

伊藤 次の打ち合わせは再来週の金曜日でしたね。

金 その事なんですが、実は今月は赤字になるおそれがあって、

その日に会議をすることになりまして。

伊藤 ああ、そうですか。

金 申し訳ありませんが、打ち合わせを少し延期していただけませんか。

伊藤 それは仕方ないですね。私は大丈夫ですよ。

金 まことにありがとうございます。

次の打ち合わせはいつがよろしいでしょうか。

伊藤 来月の9日、金曜日はどうですか。

金 はい。その日は差し支えありません。

▶ 다음 비즈니스 회화문의 (   )에 적당한 표현을 넣어서 연습하세요.

협의일정 조율

회화 연습 1

A　申し訳ありません。来週金曜日の打ち合わせですが、

すこし延期して (1.　　　　　　　　　　　)。

B　何かあったんですか。

A　実はその日に弊社の忘年会があって、私が幹事をする

(2.　　　　　　　　) なりまして…。

B　そうですか。それは仕方ありませんね。

では、再来週の金曜日はどうですか。

A　はい。その日は (3.　　　　　　　)ありません。

회화 연습 2

A　実は海外工場でストライキが起る(1.　　　　　　　　)があって、

それで私が現地に行く(2.　　　　　　　)なりまして。

B　そうですか。

A　申し訳ありませんが、打ち合わせの日程をすこし伸して

(3.　　　　　　　　)。

B　それは仕方ないですね。私の方は(4.　　　　　　　　　)よ。

word

忘年会 송년회　　**幹事** 간사

● 롤플레이

▶ A, B에 쓰여 있는 역할에 맞게 일정을 조율해 보세요.

A ○○社 社員

あなたは△△社の社員と打ち合わせをしました。次の打ち合わせは来週の水曜日の予定です。しかし、△△社の社員は取引先が不渡りを出すかもしれないので、それについて会議をしなければならないと言います。△△社の社員の話しを聞いて、次の打ち合わせの日程を決めましょう。

A : ○○사 사원

당신은 △△사의 사원과 사전협의를 했습니다. 다음 사전협의는 다음 주 수요일 예정입니다. 그러나 △△사의 사원은 거래처에서 부도가 날지도 모르므로 이에 대해서 회의해야 한다고 이야기합니다. △△사의 사원 이야기를 듣고 다음 사전협의 일정을 정합시다.

B △△社 社員

あなたは○○社の社員と打ち合わせをしました。次の打ち合わせは来週の水曜日の予定です。しかし、不渡りを出すかもしれない取引先について、△△社は会議を開くことにしました。事情を○○社の社員に言って会議の日程を延期してもらいましょう。

B : △△사 사원

당신은 ○○사 사원과 사전협의를 했습니다. 다음 사전협의는 다음 주 수요일 예정입니다. 그러나 부도가 날지도 모르는 거래처에 대해서 △△사는 회의를 하기로 했습니다. 사정을 ○○사 사원에게 말하고 회의 일정을 연기해 달라 합시다.

word

不渡り 부도

A ○○社　社員
→

B △△社　社員
→

第12課

きょうぎ にってい ちょうせい
協議日程の調整

이메일쓰기

こんご ひ た
今後ともお引き立てのほど
ねが もう あ
よろしくお願い申し上げます。

앞으로 많이 도와주시기를 잘 부탁드립니다.

학습 목표

이메일쓰기 일정조율 등에 관한 확인 및 감사 메일을 할 수 있다.

| 주요 표현 |

かいし じき き うえ はんばいたんか
キャンペーン開始の時期を決めた上で販売単価につい
かんが おも
て考えたいと思います。

こんご ひ た ねが もう あ
今後ともお引き立てのほどよろしくお願い申し上げま
す。

주요 어휘와 표현

🎧 Track 12-01

□ じかんをさく	時間を割く	시간을 내다	
□ こころよく	快く	흔쾌히	
□ ごりょうかい	ご了解	이해	★동료 간이나 혹은 윗사람이 아랫사람에게 사용한다
□ キャンペーン		캠페인	★campaign
□ はんばいたんか	販売単価	판매단가	
□ ひきたてる	引き立てる	돋보이게 하다, 보살펴주다	

협의일정 조율

예문 확인

1 時間を割く 시간을 내다
例 申し訳ありませんが、ほんの少しお時間を割いていただけますか。 죄송합니다만, 조금만 시간을 내어 주실 수 있겠습니까?

2 快く 흔쾌히
例 弊社のお願いを快くお引き受けくださり、まことにありがとうございます。 저희 회사의 부탁을 흔쾌히 수용해 주셔서 정말로 감사드립니다.

3 ご了解 양해
例 弊社はこの件に責任を負わないことをご了解ください。 저희 회사는 이 건에 책임을 지지 않는 점을 양해해 주십시오.

4 キャンペーン 캠페인
例 ただいま、新規会員のキャンペーン期間中です。 지금 신규회원모집 캠페인기간 중입니다.

5 販売単価 판매단가
例 原価を計算して販売単価を設定します。 원가를 계산하여 판매단가를 설정합니다.

6 引き立てる 보살펴주다
例 今回の件で弊社を引き立てていただき、まことにありがとうございます。 이번 건으로 저희 회사를 보살펴 주셔서 정말로 감사드립니다.

✓ 한자 쓰기 연습

時間	ご了解	販売	単価

word

負う 지다, 짊어지다　　原価 원가

문법과 문형

① キャンペーン開始の時期を決めた上で販売単価について考えたいと思います。 캠페인 개시시기를 결정한 후 판매단가에 관하여 생각해보려고 합니다.

「동사의 과거형 + 上で」는 '어떤 일을 하고 난 다음에'라는 뜻으로 쓰이며 관련 있는 어떤 일의 결과를 바탕으로 다음 일이 진행되는 경우에 사용한다. 「契約に関することは、役員会の議論の上で理事会に回される(계약에 관한 것은 임원회의의 논의결과를 바탕으로 이사회에 돌려진다)」와 같이 「명사+の上で」의 형태로 사용한다.

실전 예문

① 上司と相談した上でまたご連絡いたします。
상사와 상의한 뒤, 다시 연락드리겠습니다.

② まずは契約を交した上で具体的な作業の日程を決めたいのですが。
우선은 계약을 한 뒤 구체적인 작업 일정을 정하고 싶습니다만.

③ 御社のプレゼンを拝見した上で決定したいと思います。
귀사의 프레젠테이션을 본 뒤 결정하고 싶습니다.

④ この事業は行政の認可の上で行われます。
이 사업은 행정의 허가를 받은 후에 실시합니다.

⑤ 弁護士と相談の上で会社の債務整理をします。
변호사와 상담한 뒤 회사의 채무 정리를 하겠습니다.

TIP! 예정된 것을 취소하기

「キャンセルメール(취소 메일)」에는 설명회를 취소하거나 일정을 취소하는 등 어떤 취소인지에 따라 메일 내용은 달라진다. 다음과 같은 점에 주의한다.

1. 거래처에 최대한 피해가 가지 않도록 빨리 연락한다.

2. 취소하고자 하는 뜻을 전달하고 정중하게 사죄해야 한다.

3. 기본적으로 취소하는 연락은 메일로도 가능하지만, 전날이나 당일 임박하여 취소하는 경우는 전화로 직접 전달하는 것이 좋다.

② 今後ともお引き立てのほどよろしくお願い申し上げます。
앞으로 많이 도와주시기를 잘 부탁드립니다.

「お(/ご)～のほど」는 「引き立て」를 정중하게 언급할 때 사용한다. 예를 들어 「参照してください(참고해 주세요)」 대신에 「ご参照のほどよろしくお願いします(참고해 주실 것을 부탁드립니다)」와 같이 사용하면 보다 더 정중한 표현이 된다. 많이 사용하는 표현으로 「ご理解のほどよろしくお願いします(이해해 주실 것을 부탁드립니다)」 등이 있다.

실전 예문

⑥ こちらは新入社員の田中です。お知りおきのほどよろしくお願いします。
이쪽은 신입사원 다나카입니다. 알아두시기를 부탁드립니다.

⑦ 弊社新製品に関する資料を送付いたします。お取り計らいのほどよろしくお願いします。 저희 회사 신제품에 관한 자료를 송부해 드리겠습니다. 잘 조치해 주시기를 부탁드립니다.

⑧ なにとぞ、ご指導のほどよろしくお願い申しげます。
아무쪼록 지도 잘 부탁드립니다.

⑨ 納品書を同封しております。ご確認のほどよろしくお願いいたします。
납품서를 동봉하고 있습니다. 확인 잘 부탁드립니다.

⑩ 本日、商品を発送いたしました。ご査収のほどよろしくお願いいたします。
금일 상품을 발송했습니다. 검수해 주시기를 부탁드립니다.

word
行政 행정　**認可** 인가　**弁護士** 변호사　**債務** 채무　**参照** 참조, 참고　**お取り計らい** 조처, 처분, 처리
指導 지도　**納品書** 납품서　**同封** 동봉

•이메일 문장 연습

①　お時間を割いていただく

・本日は、わざわざお時間を割いていただき、まことにありがとうございました。 오늘은 일부러 시간을 내주셔서 정말로 감사했습니다.

「お時間を割いていただく」는 '시간을 내주시다'라는 뜻이다. 좀 더 가벼운 표현으로 「お時間をいただく」라고도 한다.

실전 예문

① お忙しいところ、お時間を割いていただき、まことにありがとうございます。
바쁘신 중에 시간을 내 주셔서 정말로 고맙습니다.

② ご多忙の中、お時間を割いていただき、まことにありがとうございます。
다망하신 중에 시간을 내 주셔서 정말로 고맙습니다.

③ 来週あたりお時間を割いていただくことはできませんでしょうか。
다음 주 쯤 시간을 내 주실 수 없을까요?

②　お礼を申し上げる

・この度、弊社への多大なご後援、心よりお礼を申し上げます。
금번 저희 회사에 대한 막대한 후원, 진심으로 감사말씀 올립니다.

「お礼を申し上げる」는 「ありがとうございます」보다 딱딱한 문장체가 되어 정중한 표현으로 사용된다. 「お礼申し上げます」보다 「お礼申し上げいたします」쪽이 더 겸손한 표현이 된다.

실전 예문

④ 弊社の方針をご理解いただき、お礼を申し上げます。
저희 회사 방침을 이해해 주셔서 감사드립니다.

⑤ ひとかたならぬご支援を賜り、厚く御礼を申し上げます。
많은 지원을 해 주셔서 정중히 감사드립니다.

⑥ 御社より並々ならぬご協力を賜り、深く御礼を申し上げます。
귀사가 굉장히 협력을 해 주셔서 깊이 감사드립니다.

3 ご了解いただく

・大変申し訳ございませんが、納期の遅延に関しまして、ご了解いただきたく、メールを差し上げるところでございます。
매우 죄송합니다만, 납기 연장에 관해서 양해를 구하고자, 메일을 드린 바입니다.

「ご了解いただく」는 '상대방이 이해해 주다'라는 뜻이므로, '(내가) 알았습니다'라는 뜻인 「了解しました」와는 구별해서 사용해야 한다. 비슷한 표현이지만 「ご了承いただく」는 '윗사람한테 승낙 받다'라는 의미이다.

실전 예문

⑦ 納期の先延ばしをご了解いただき、まことに恐れ入ります。
납기 연기를 양해해 주셔서 정말로 감사드립니다.

⑧ 積雪により納品が遅れますことなにとぞご了解いただいきたいと存じます。
적설 때문에 납품이 지연되었음을 아무쪼록 양해 바랍니다.

⑨ 発表会の日程変更について、なにとぞご了解いただきたいと存じます。
발표회의 일정 변경에 대해서 아무쪼록 양해 주셨으면 합니다.

---

word

多大な 막대한   **後援** 후원   **方針** 방침   **ひとかたならぬ** 적지 않은, 많은

並々ならぬ 평범하지 않은, 굉장히 많은   **先延ばし** 연기

실전 이메일  🎧 Track 12-02

실전 예문 거래처에 일정변경 협의에 대한 감사와 다음 협의 일정에 관한 메일을 보내고 있다.

件名：本日のお礼と次回の打ち合わせについて

株式会社イチゴ営業部　伊藤博之様

株式会社モモ営業部の金倫修です。

本日はお忙しいところ、打ち合わせにお時間を割いていただき、ありがとうございました。

また、次回打ち合わせの日程変更を 快 くご了解いただけましたこと、お礼を申し上げます。

次回の打ち合わせではキャンペーン開始の時期を決めた上で販売単価について考えたいと思います。今後ともお引き立てのほどよろしくお願い申し上げます。

▶ 다음 비즈니스 메일의 (　　　)에 적당한 표현을 넣어 비즈니스 메일을 작성하세요.

메일 작성1

本日はお忙しいところ社員研修会にお時間を (1.　　　　　　　　　)いただき、

ありがとうございました。

次回の研修会でも講師をご(2.　　　　　　　　　)いただきたいと存じます。

研修会の日時は社内会議を開いた(3.　　　　　　　　　)お知らせいたします。

今後ともご指導の(4.　　　　　　　) よろしくお願い申し上げます。

메일 작성2

本日は会計システムの導入に関するコンペティションにお時間を

(1.　　　　　　　　　)、ありがとうございました。

システムの採否結果は役員会議を(2.　　　　　　　)上で、ご連絡を差し上げま

す。

なにとぞ、(3.　　　　　　　　　)いただきたいと存じます。

今後とも弊社への、ご支援の(4.　　　　　　　)、よろしくお願い申し上げます。

---

word

会計システム 회계시스템　　**コンペティション** 컴피티션, 경기, 공모　　**採否** 채택 여부

• 메일 쓰기 연습

▶ 앞에 나온 '실전 이메일'의 문장을 그대로 써 보세요. 그리고 모든 한자에는 예와 같이 위에 후리가
나를 쓰세요.

예

けんめい　けいやくこうしょう　きげん

件名：契約交渉の期限について

비즈니스 장면에서의 문제해결과 관련된 용어 중 하나로 'PPDAC사이클'이 있습니다. 원래는 통계적인 문제해결을 위한 용어이지만, 비즈니스 장면에서도 사용되므로 알아둡시다.
'PPDAC'는 각각 다음과 같은 단어의 첫 글자로 문제해결 단계를 가리킵니다.

- **P : Problem**

  해결해야 하는 문제를 파악합니다. 명확하게 하는 것이 중요합니다.

- **P : Plan**

  조사 등을 계획합니다. 어떤 데이터를 수집할지 계획을 세우는 것입니다.

- **D : Data**

  데이터를 수집하고 정리합니다. 필요에 따라 다양한 데이터가 필요합니다.

- **A : Analysis**

  데이터를 분석합니다. 그래프로 일목요연하게 정리합니다.

- **C : Conclusion**

  결론을 통해 어떻게 문제를 해결할지 판단합니다.

이를 'PPDAC 사이클'이라고 하는 것은 이러한 단계를 반복하는 것이 필요하기 때문입니다. 이 사이클은 오랜 시간에 걸쳐서 고도의 분석을 하는 것이 아니고, 단시간에 도출된 결론을 토대로 다음 과제를 설정하여 또 다른 'PPDAC 사이클'을 돌리는 것이 중요합니다.

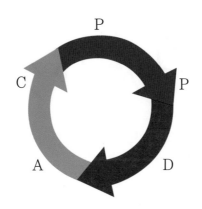

Part 7

問_とい合_あわせ及_{およ}びクレーム

문의 및 클레임

第13課

問い合わせ及びクレーム

실전 회화

在庫もないということですが。

재고도 없다고 합니다만.

학습 목표

 실전 회화 거래처에 출하 시기를 문의할 수 있다.

| 주요 표현 |

在庫もないということですが。

恐れ入りますが、そういうわけには参りません。

주요 어휘와 표현

🎧 Track 13-01

□ しゅっか	出荷	출하
□ せいさん	生産	생산
□ ざいこ	在庫	재고
□ はいそうさき	配送先	배송지
□ そうひん*	送品	송품

★~先 : 장소를 나타낸다.
出張先(출장지), 勤め先(근무처)

*: 관련 어휘

예문 확인

① 出荷 출하
예 ダンボールに梱包して**出荷**します。
종이상자에 포장해서 출하합니다.

② 生産 생산
예 工場の**生産**ラインを点検します。
공장의 생산라인을 점검하겠습니다.

③ 在庫 재고
예 この商品は**在庫**限りです。
이 상품은 재고뿐입니다.

④ 配送先 배송처
예 担当者のミスで**配送先**に手違いがありました。
담당자의 실수로 배송처에 착오가 있었습니다.

⑤ 送品 송품
예 納品票を同封して製品を**送品**します。
납품 전표를 동봉하여 제품을 송품합니다.

한자 쓰기 연습

出荷	生産	在庫	配送先

word

ダンボール 골판지상자　梱包 포장　在庫限り 재고 한정　手違い 실수　納品票 납품 전표
同封 동봉

• 문법과 문형

1 **在庫もないということですが。** 재고도 없다고 합니다만.

「~ということですが」는 다른 사람의 말을 들어 전달할 때 사용한다. 「동사/イ형용사(사전형)+ということ」, 「ナ형용사だ / 명사だ+ということ」의 형태로 사용한다.

• 「~ということです」의 활용형 예

동사	イ형용사	ナ형용사	명사
招待するということです 초대한다고 합니다	高いということです 비싸다고 합니다	得意だということです 잘한다고 합니다	売り切れだということです 품절이라고 합니다

실전 예문

① 部長の山田は少し到着が送れるということです。
야마다 부장님은 조금 도착이 늦다고 합니다.

② 工場長の報告によれば、機械が故障したということです。
공장장의 보고에 의하면 기계가 고장 났다고 합니다.

③ 上司の判断によりますと、この内容では契約は難しいということです。
상사의 판단에 의하면 이 내용으로는 계약이 어렵다고 합니다.

④ 人事課の話では今年の新人は非常に有望だということです。
인사과의 얘기로는 올해 신입은 매우 유망하다고 합니다.

⑤ 現在、ヨーロッパは非常に不景気だということです。
현재, 유럽은 매우 불경기라고 합니다.

TIP! **사과하기**

업무에서 자기 쪽이 잘못한 경우 겸손하고 정확하게 사과하는 것이 좋다. 사죄 방법이나 타이밍에서 대응이 잘 안 되면 상대방을 더욱 화나게 할 수도 있기 때문에 제대로 사과하는 것이 중요하다. 부하가 잘못해도 책임자인 상사가 같이 사과하는 것이 더 바람직하다.

2 恐れ入りますが、そういうわけには参りません。

おそ　い　　　　　　　　　　　　　　　　　まい

죄송하지만, 그렇게 할 수는 없습니다.

「〜わけには参りません」는 「〜わけにはいきません」보다 경도가 높은 표현이다. 어떤 절차상의 이유나
도리에 따라 할 수 없다는 뜻이다.

문의 및 클레임

실전 예문

⑥ 納期の期限を変更するわけには参りません。

のうき　きげん　へんこう　　　　　　　　　まい

납기 기한을 변경할 수는 없습니다.

⑦ 今さら契約の内容を変えるわけには参りません。

いま　けいやく　ないよう　か　　　　　　　まい

이제 와서 계약 내용을 바꿀 수는 없습니다.

⑧ こちらとしてもこれ以上支払いを待つわけには参りません。

いじょうしはら　ま　　　　　　　　まい

저희 쪽도 더 이상 지불을 기다릴 수는 없습니다.

⑨ プロジェクトの進行を遅らせるわけには参りません。

しんこう　おく　　　　　　　　　　まい

프로젝트 진행을 늦출 수는 없습니다.

⑩ いくら利益のためとは言え、法律を破るわけには参りません。

りえき　　　　　い　ほうりつ　やぶ　　　　　　まい

아무리 이익을 위해서라고 해도, 법률을 어길 수는 없습니다.

TIP! | **인사법**

사회 생활에서는 물론 비즈니스에서 인사를 잘하는 것은 중요하다. 앉아서 무언가를 하면서가 아니
라 서서 바라보고 인사하는 것이 좋다. 「挨拶は先手必勝！(먼저 인사하는 것이 이기는 것)」이라는
あいさつ　せんてひっしょう
말이 있을 정도로 솔선해서 하는 것이 좋다. 인사의 각도는 3종류가 있다.

- 会釈 : 복도 등에서 지나가면서 15도 정도로 가볍게 하는 인사
  えしゃく
- 敬礼 : 30도 정도로 하는 일반적인 인사
  けいれい
- 最敬礼 : 사죄나 감사하는 경우로, 45도 정도의 인사
  さいけいれい

---

word

人事課 인사과　**新人** 신인, 신입　**有望** 유망　**破る** 깨다, 어기다
じんじか　　　　しんじん　　　　　ゆうぼう　　　　やぶ

① ～決まっております

A 宴会で上司の席はどちらにいたしましょうか。
연회에서 상사의 자리는 어디로 할까요?

B 円卓の奥の真ん中の席と決まっております。
원탁의 안쪽 자리로 정해져 있습니다.

「決まっております」는「決まっています」보다 경도가 높은 겸양표현이다.

실전 예문

① 新規プロジェクトの立ち上げが決っております。
신규 프로젝트의 활동 개시가 정해져 있습니다.

② 4月より新しい社則の実施が決っております。
4월부터 새로운 사칙의 실시가 정해져 있습니다.

③ 新しく20人の社員を採用することが決っております。
새롭게 사원 20명을 채용하기로 정해져 있습니다.

④ 発表会は来月2日に開くことで決っております。
발표회는 다음 달 2일에 열리기로 정해져 있습니다.

⑤ 次期社長は常務の鈴木が就任することで決っております。
차기 사장은 스즈키 상무가 취임하기로 정해져 있습니다.

TIP! 거절하기

상대방의 의뢰를 거절하는 경우에는 예의 있게 거절할 필요가 있다. 거절할 수 밖에 없는 이유를 솔

직히 밝히고, 거절하기보다 기대에 부응하지 못하는 것을 사과하는 태도로 말하는 것이 좋다.

2 ～見通しが立つ

A 新商品の納期はいつになりますか。
신상품 납기는 언제가 됩니까?

B 今月末、納期の見通しが立っています。
이번 달 말 납기할 전망입니다.

「見通しが立つ」는 어떤 상황의 전망이나 예측을 나타낸다.

문의 및 클레임

실전 예문

⑥ 新サービス提供の見通しが立ちました。
새로운 서비스 제공의 전망이 나왔습니다.

⑦ 政府から認可が下りる見通しが立ちました。
정부로부터 허가가 나올 전망입니다.

⑧ 製品開発の見通しが立たない状況です。
제품 개발의 전망이 나오지 않은 상태입니다.

⑨ 納品はいつになるか、見通しが立ちますか。
납품은 언제가 될지 전망이 나왔습니까?

⑩ 配送の再開がいつになるか、まったく見通しが立ちません。
배송 재개가 언제 될지 전혀 전망이 나오지 않습니다.

---

word

宴会 연회　円卓 원탁　立ち上げ 시작, 개시　社則 사칙, 회사규칙　常務 상무　就任 취임
見通し 전망　認可 인가, 허가　再開 재개

실전 예문　거래처 직원에게 제품의 출하에 대해 문의하고, 향후 일정에 대해 이야기하고 있다.

木村　それでは出荷の時期はいつになりそうですか。

中村　それが需要に生産が追い付かない状態でして…。

木村　いつになるか分からないんですね。在庫もないということですが…。

中村　はい。現在の在庫品は全て配送先が決っております。

木村　困ったな。出荷の見通しは立たないんですか。

中村　来週末以降には出荷できると思います。

木村　何とか在庫品の配送先を弊社に変更することはできませんか。

中村　恐れ入りますが、そういうわけには参りません。

▶ 다음 비즈니스 회화문의 (   )에 적당한 표현을 넣어서 연습하세요.

문
의
및
클
레
임

회화 연습 1

A　代金の支払いが遅れてしまい、申し訳ございませんでした。

B　代金の支払いの(1.　　　　　　　　)は立たないんですか。

A　来月いっぱいで全額支払いますので、これまでのご無礼を

　　お許しください。

B　恐れ入りますが、そういう(2.　　　　　　　　)参りません。

회화 연습 2

A　工場のトラブルで納期が遅れるという(1.　　　　　　　　)ですが…。

　　弊社もこれ以上、待つ(2.　　　　　　　　)には参りません。

B　ご迷惑をおかけして、大変、申し訳ありません。

A　商品納入の(3.　　　　　　　　)は立たないんですか。

B　代わりの工場で商品を生産することが決って(4.　　　　　　　　)。

　　明後日には納入できると思います。

word

全額 전액　　**無礼** 무례

- 롤플레이

▶ A, B에 쓰여 있는 역할에 맞게 문의를 해 보세요.

A ○○工場　生産管理者

あなたは工場で生産管理の仕事をしています。しかし、部品が納入されません。部品製作会社の社員がストライキをしているようです。卸し業者に問い合わせて、ストライキが終息したら、いちばん最初に自分の工場に部品を納入してほしいと頼みましょう。

A: ○○공장 생산 관리자

　　당신은 공장에서 생산관리 일을 하고 있습니다. 그러나 부품이 납입되지 않습니다. 부품 제작회사의 사원이 파업을 하고 있다고 합니다. 도매업자에게 문의하여 파업이 종식되면 가장 먼저 자신의 공장에 부품을 납입해 달라고 부탁해 봅시다.

B 卸し業者

あなたは工場に部品を卸す仕事をしています。部品製作会社の社員がストライキを起こし、○○工場に部品を納入することができません。事情を説明し、部品納入の延期をお願いしましょう。○○工場の生産管理者は「ストライキが終息したら、最初に自分の工場に納入してほしい」と言っていますが、それは難しいです。

B: 도매 업자

　　당신은 공장에 부품을 도매하는 일을 하고 있습니다. 부품 제작회사 사원이 파업을 하여 ○○공장에 부품을 납입할 수 없습니다. 사정을 설명하고 부품 납입 연기를 부탁하세요. ○○공장 생산관리자는 '파업이 종식되면 가장 먼저 자신의 공장에 납입해 달라'고 이야기합니다만, 그것은 어렵습니다.

word

終息 종식　　卸す 도매하다

A ○○工場　生産管理者
　せいさんかんりしゃ
➡

B 卸し業者
　おろ　ぎょうしゃ
➡

第14課

と あ およ
問い合わせ及びクレーム

이메일쓰기

いそ ねが
お急ぎ願います。

서둘러 주시기를 부탁드립니다.

학습 목표

 이메일 쓰기 고객의 클레임에 메일로 대응할 수 있다.

| 주요 표현 |

さっそくけんぴん ひゃくだい にだい
早速検品しましたところ、100台のうち2台のディス
は そん
プレイが破損しておりました。

は そんひん にだい りょうきんちゃくばら おんしゃ へんそう
なお破損品の2台は料金着払いにて御社に返送させて
いただきます。

주요 어휘와 표현

□ はんばいぶ	販売部	판매부
□ ちゃっか	着荷	착하, 짐이 도착함
□ しきゅう	至急	급히
□ けんぴん	検品	검품
□ のうひん	納品	납품
□ だいたいひん	代替品	대체품

예문 확인

❶ 販売部 판매부
예 2名の新入社員が販売部に配属されました。
2명의 신입사원이 판매부에 배속되었습니다.

❷ 着荷 착하
예 着荷時、不良品がある場合はご連絡ください。
착하할 때 불량품이 있는 경우는 연락주세요.

❸ 至急 급히
예 至急、配送用の車の手配をお願いします。
급히 배송용 차량의 수배를 부탁합니다.

❹ 検品 검품
예 検品作業の効率化を図ります。
검품작업의 효율화를 도모합니다.

❺ 納品 납품
예 納品が遅れましたこと、心よりお詫び申し上げます。
납품이 늦어진 점 진심으로 사과말씀 올립니다.

❻ 代替品 대체품
예 不良品がある場合は無料で代替品をお送りします。
불량품이 있는 경우는 무료로 대체품을 보내드립니다.

한자 쓰기 연습

販売部	至急	検品	納品

word

効率化 효율화   図る 꾀하다, 도모하다

이메일 쓰기

• 문법과 문형

문의 및 클레임

1 早速検品（さっそくけんぴん）しましたところ、納品（のうひん）100台（ひゃくだい）のうち2台（にだい）のディスプレイが破損（はそん）しておりました。 즉시 검품했더니, 납품한 100대 중 2대의 디스플레이가 파손되어 있었습니다.

「동사의 과거형＋ところ」는 '～했더니, …한 결과가 되었다'라는 의미이다. 「～ている＋ところ」는 진행 중임을 나타낸다. 예를 들어 「そちらに向（む）かっているところです(그쪽으로 가고 있는 중입니다)」로 표현한다.

실전 예문

① 主任（しゅにん）が現場（げんば）を確認（かくにん）したところ、異常（いじょう）はないそうです。
주임이 현장을 확인한 결과 이상은 없다고 합니다.

② お客様（きゃくさま）に事情（じじょう）を説明（せつめい）したところ、契約（けいやく）を破棄（はき）されました。
손님에게 사정을 설명했더니 계약이 파기되었습니다.

③ システムを一時的（いちじてき）に止（と）めたところ、問題（もんだい）が生（しょう）じてしまいました。
시스템을 일시적으로 멈추게 했더니 문제가 생겨 버렸습니다.

④ 現在（げんざい）、新規事業（しんきじぎょう）の計画（けいかく）を立（た）てているところです。
현재, 신규 사업 계획을 세우고 있는 중입니다.

⑤ 今（いま）、ご依頼（いらい）の件（けん）の見積書（みつもりしょ）を作成（さくせい）しているところです。
지금, 의뢰하신 견적서를 작성하고 있는 중입니다.

TIP! 일본 구인 사이트 소개 ③ – 아르바이트 및 파트 타임

타운워크 사이트에서는 아르바이트 구직 노하우를 소개하고 있다. 아르바이트 응모, 전화 거는 법, 이력서 쓰는 법, 면접 노하우, 아르바이트 할 때의 매너부터 법률, 세금, 보험에 이르기까지 정보를 제공하고 있다.

문의 및 클레임

2 なお破損品^{は そんひん}の2台^{に だい}は料金着払^{りょうきんちゃくばら}いにて御社^{おんしゃ}に返送^{へんそう}させていただきます。

> なお破損品^{は そんひん}の2台^{に だい}は料金着払^{りょうきんちゃくばら}いにて御社^{おんしゃ}に返送^{へんそう}させていただきます。

또한 파손품 2대는 착불로 귀사에 반송하겠습니다.

「なお」는 추가로 내용을 덧붙일 때 하는 표현이다. 메일에서 자주 쓰는 부사인 「さて(그건 그렇고, 각설하고)」는 본론으로 들어가고자 할 때 사용한다.

실전 예문

⑥ 入場^{にゅうじょう}は10時^じからです。なお、その際^{さい}、身分証^{み ぶんしょう}を確認^{かくにん}させていただきます。
입장은 10시부터입니다. 또한 그때 신분증을 확인하겠습니다.

⑦ 会議終了^{かい ぎ しゅうりょう}は3時^{さん じ}の予定^{よ てい}です。なお、昼食^{ちゅうしょく}をご用意^{よう い}しておりますので、ご利用^{り よう}ください。 회의 종료는 3시 예정입니다. 또한 점심을 준비해 두었으니 이용해 주십시오.

⑧ 必^{かなら}ず招待状^{しょうたいじょう}をお持^もちください。なお、未成年^{み せいねん}の方^{かた}は来場^{らいじょう}をお断^{ことわ}りしております。 반드시 초대장을 가져 오십시오. 또한 미성년자는 출입을 금지하고 있습니다.

⑨ なお、ご不明^{ふ めい}な点^{てん}がある場合^{ば あい}は下記^{か き}へご連絡^{れんらく}ください。 또한 불확실한 점이 있는 경우는 아래에 적힌 곳으로 연락 주십시오.

⑩ なお、不良品^{ふ りょうひん}については弊社^{へいしゃ}に着払^{ちゃくばら}いにてご返送^{へんそう}ください。 또한 불량품에 대해서는 저희 회사로 착불로 반송해 주십시오.

---

word

ディスプレイ 디스플레이 **破損**^{は そん} 파손 **異常**^{い じょう} 이상 **破棄**^{は き} 파기 **着払**^{ちゃくばら}**い** 착불 **返送**^{へんそう} 반송
未成年^{み せいねん} 미성년

• 이메일 문장 연습

① お[/ご]～願います

> • お急ぎ願います。 서둘러 주시기를 부탁드립니다.
>
> • 遅れないようにご送金願います。 늦지 않게 송금 부탁드립니다.

「お+동사 ます형+願いします」, 「ご+한자어+願いします」는 부탁할 때 사용하는 겸양표현이다.
동사에는 「お」가 붙어 「お+急ぎ+願いします」, 한자어는 「ご+送金+お願いします」로 사용한다.

실전 예문

① 来週 3 日までに代金をお支払願います。
다음 주 3일까지 대금 지불을 부탁드립니다.

② 精密品ですので、慎重にお取り扱い願います。
정밀한 물품이므로 조심스럽게 취급해 주시기를 부탁드립니다.

③ 弊社の方針になにとぞご理解願います。
저희 회사 방침을 아무쪼록 이해 부탁드립니다.

④ 失礼かとは存じますが、なにとぞご容赦願います。
실례인 줄 압니다만, 부디 형편을 참작해 주시기 바랍니다.

⑤ 工事期間中、ご迷惑をおかけしますが、なにとぞご協力願います。
공사 기간 중 폐를 끼치게 됩니다만, 아무쪼록 협력 부탁드립니다.

문의 및 클레임

② ～をはじめ

- 会議_{かいぎ}には社長_{しゃちょう}をはじめ、役員_{やくいん}が出席_{しゅっせき}しました。
  회의에는 사장을 비롯해, 임원이 출석했습니다.

- 吉田_{よしだ}さまをはじめ、多_{おお}くの方_{かた}にたいへんお世話_{せわ}になりました。
  요시다 님을 비롯해 많은 분께 매우 신세를 졌습니다.

「～をはじめ」는 '～을/를 비롯해'라는 의미로 다른 사람, 다른 것도 있다는 것을 나타낸다.

실전 예문

⑥ プロジェクトには鈴木_{すずき}さんをはじめ、社員_{しゃいん}の多_{おお}くが加_{くわ}わりました。
프로젝트에는 스즈키 씨를 비롯해, 많은 사원이 참여했습니다.

⑦ 弊社_{へいしゃ}の業績回復_{ぎょうせきかいふく}はお客様_{きゃくさま}をはじめ、ご協力_{きょうりょく}くださった皆様_{みなさま}のおかげです。
저희 회사 업적 회복은 손님을 비롯해 협력해 주신 모든 분의 덕분입니다.

⑧ 社員_{しゃいん}のストレス対策_{たいさく}をはじめ、会社_{かいしゃ}には改善_{かいぜん}すべき課題_{かだい}が山積_{さんせき}しています。
사원의 스트레스 대책을 비롯하여 회사에는 개선해야 할 과제가 산적해 있습니다.

> **TIP!** 사회인의 역할
>
> 학생은 개인으로서 자신의 감정이나 생각으로 행동하지만, 사회인은 조직의 일원이며, 논리·이치라는 객관적 판단 기준에 의해 행동한다.
>
> 또한 사회인이 되어 일을 하는데 있어서 효율과 정확성이 요구된다. 일의 흐름을 이해해야 효율과 정확성을 충족시킬 수 있다. 일의 흐름은 '계획 → 실행 → 검토 → 개선'으로 이루어진다. 이 일의 기본을 이해하고 실행하는 것이 중요하다.

word

精密品_{せいみつひん} 정밀품 慎重_{しんちょう}に 신중하게 容赦_{ようしゃ} 용서, 형편을 참작함 回復_{かいふく} 회복 ストレス対策_{たいさく} 스트레스 대책
改善_{かいぜん} 개선 山積_{さんせき} 산적

이메일 쓰기

실전 이메일 · 🎧 Track 14-02

실전 예문 거래처 직원에게 제품 파손에 대한 클레임을 메일로 보내고 있다.

件名：代替品送付のお願い

株式会社モモ営業部　崔ナヨン様

いつもお世話になっております。

株式会社イチゴ販売部の佐々木正男です。

5月7日に注文しました「タブレット「E-Pad」(AB-３４８９)」100台、本日着荷

いたしました。

早速検品しましたところ、納品100台のうち、2台にディスプレイをはじめ、
いくつかの部分で破損が見つかりました。

つきましては、至急代替品をご送付願います。

なお、破損品の2台は料金着払いにて御社に返送させていただきます。

メールにて恐縮ですが、取り急ぎご連絡まで。

---

word

タブレット 태블릿(tablet)

▶ 다음 비즈니스 메일의 (　　　)에 적당한 표현을 넣어 비즈니스 메일을 작성하세요.

메일 작성1

検品(けんぴん)しましたところ、３品(さんぴん)足(た)りないということでした。

(1.　　　　　　　　　)は、至急(しきゅう)３品(さんぴん)をご送付(そうふ)願(ねが)います。

今後(こんご)このようなミスが発生(はっせい)しないようご注意(ちゅうい)ください。

(2.　　　　　　　　　)先日(せんじつ)お願(ねが)いした件(けん)、ご検討(けんとう)(3.　　　　　　　　　)。

메일 작성2

受注票(じゅちゅうひょう)を確認(かくにん)した(1.　　　　　　　　)、たしかに御社(おんしゃ)より「E-pad(AC-４７８０)(よんななはちれい)」
を(2.　　　　　　　　)、タブレット各種(かくしゅ)10台(じゅうだい)ずつのご注文(ちゅうもん)を 承(うけたまわ)っております。

御社(おんしゃ)よりの注文票(ちゅうもんひょう)を送付(そうふ)いたしますので、ご確認(かくにん)(3.　　　　　　　　)。

(4.　　　　　　　　)、御社(おんしゃ)の発注(はっちゅう)ミスに関(かん)しましては、弊社(へいしゃ)は責任(せきにん)を負(お)いかね
ますので、ご了承(りょうしょう)ください。

---

word

受注票(じゅちゅうひょう) 수주표　　**注文票(ちゅうもんひょう)** 주문표　　**発注(はっちゅう)** 발주

• 메일 쓰기 연습

▶ 앞에 나온 '실전 이메일'의 문장을 그대로 써 보세요. 그리고 모든 한자에는 예와 같이 위에 후리가
나를 쓰세요.

예

けんめい　けいやくこうしょう　きげん
件名：契約交渉の期限について

이력서 작성에서 자기 PR란이 면접 때 이야기의 소재가 되는 중요한 부분입니다. 짧은 시간에 자기를 보다 많이 어필하고 관심을 얻기 위해 가능한 한 구체적으로 내용을 기입합니다. 예를 들어 '행동력'이 있다는 점을 어필하기 위해서는 자신의 경험 중에서 어떤 실적이 있는지를 쓰는 것이 설득력이 있습니다. 또한 부정적인 내용이 아니라 긍정적인 내용을 기술해야 합니다. 이력서를 자필로 쓰는 경우 검정 펜을 사용하여 깨끗하게 쓰고 오자와 탈자가 없도록 주의합니다. 제출하기 전에 복사를 해 두는 것이 좋습니다. 복사를 하고 제출한 기업명을 정리해 두는 것이 좋습니다.

문의 및 클레임

이력서 작성에 필요한 어휘

- 履歴書 이력서
- 現住所 현주소
- 平成 헤이세이
- 演習 연습
- 指導教員 지도교수
- 趣味 취미
- 免許 면허

- 自己紹介書 자기소개서
- 令和 레이와
- 学歴 학력
- 研究課題 연구 과제
- 課外活動 과외 활동
- 特技 특기
- 取得見込み 취득 예정

- 氏名 씨명
- 昭和 쇼와
- 職歴 직력
- 得意分野 잘하는 분야
- 学業 학업
- 資格 자격

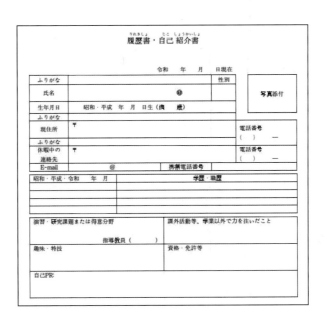

부록

비즈니스 일본어 문형 모음과
비즈니스 Tip

Ⅰ. 비즈니스 일본어 경어 표현

❀ 경어의 종류

경어(敬語)는 자신과 상대와의 관계를 표현하는 것으로 높임, 낮춤, 정중, 공손, 미화를 나타낸다.
일반적으로 경어는 다음의 5종류가 있다.

경어의 5종류	기능
존경어	(상대를) 높이다. ▶ いらっしゃる・おっしゃる・くださる・なさる 等
겸양어 Ⅰ	상대를 높이려고, 자신의 행위를 낮추어 말하다. ▶ 伺う・申し上げる・差し上げる・お目に掛かる 等
겸양어 Ⅱ	자신의 행위를 상대에게 정중하게 말하다. ▶ 参る・申す・いたす・おる 等
공손어	(상대에게) 공손히 하다. ▶ です・ます
미화어	사물을 미화해서 말하다. ▶ お茶・お酒・お料理 等

※ 겸양어 Ⅰ은 상대가 있어서 높이는 것이고, 겸양어 Ⅱ는 상대의 유무에 관계없이 청자에게 공손히 표현할 때 사용한다.
따라서 겸양어 Ⅱ는 ます형으로 사용된다.

❀ 존경어(尊敬語)

			존경어	보통어
동사	일반형	형식동사	お[ご]~になる	
			お[ご]~くださる	
		보조동사	~てくださる	~てくれる
		조동사	~(ら)れる	
	변칙형		ご覧になる	見る
			おいでになる	行く・来る・いる
			お見えになる	来る
			ご存じだ	知っている

동사	특정형		なさる	する
			くださる	くれる
			いらっしゃる	行く · 来る · いる
			おっしゃる	言う
			召し上がる	食べる · 飲む
형용사 (い형용사)		접두어	お[ご]~	
형용동사 (な형용사)		접두어	お[ご]~	
명사		접두어	お~, ご~, 貴~	
		접미어	~さん, ~さま, 御中	
		명사+だ	명사+でいらっしゃる	명사+だ(~である)

❀ 겸양어(謙讓語) I

동사	일반형	형식 동사	겸양어 I	보통어
			お[ご]~する	
			お[ご]~申し上げる	
			お[ご]~いただく	
			お[ご]~願う	
		보조 동사	~て[で]いただく *~(さ)せていただく	
	특정형		あげる	やる
			差し上げる	やる
			申し上げる	言う
			うかがう	行く · 聞く · たずねる
			いただく	もらう · 食べる · 飲む
			頂戴する	もらう · 食べる · 飲む

동사	특정형		拝見する	見る
			お目にかかる, お会いする	会う
명사			お[ご]명사, 拝~	

❀ 겸양어(謙讓語) Ⅱ

			겸양어 Ⅱ	보통어
동사	일반형	형식 동사	~いたします	
			お[ご]~いたします	
		보조 동사	~ておる	~ている
			~てまいる	~ていく, ~てくる
	특정형		おる	いる
			申す	言う
			いたす	する
			参る	行く · 来る
			存じる	知る · 思う
명사		접사	弊~	

❀ 공손어(丁寧語)

	공손어	보통어
공손어	~です	
	~ます	
	~でございます	~である(~であります, ~です)

❀ 미화어(美化語)

미화어
お~
ご~

❀ 경의 표현(敬意表現)

경의표현
(1) ありがとうございます。
(2) よろしくお願いします。
(3) お疲れ様(です)。
(4) 初めてお目にかかります。
(5) お世話になっております。
(6) ご無沙汰いたしております。
(7) お待たせしました。
(8) かしこまりました。
(9) 恐れ入ります。
(10) 恐れ入りますが。
(11) おかげさまで。
(12) おかげで。
(13) とんでもないです。
(14) すみません(が)〜(し)ていただけませんか。
(15) よろしければ。
(16) 差し支えなければ。
(17) せっかくですが / せっかくのお(ご)○○ですが。
(18) あいにくですが。
(19) 失礼ですが。
(20) 申し上げにくいのですが。
(21) お言葉に甘えて。
(22) 遠慮なく。
(23) ご遠慮なさらずに。
(24) お手数ですが。
(25) さっそくですが。

Ⅱ. 비즈니스 일본어 이메일 보내기

1. 일본어 키보드 입력

일본어 글자는 영문자로 입력하면 가나로 자동으로 변환된다. 기본적으로는 발음 대로 영어 로마자로 입력한다. 가나를 소문자로 입력하는 경우 'x'를 붙여야 한다.

❀ **청음 자판**

あ a	か ka	さ sa	た ta	な na	は ha	ま ma	や ya	ら ra	わ wa	ん nn
い i	き ki	し si	ち ti	に ni	ひ hi	み mi		り ri		
う u	く ku	す su	つ tu	ぬ nu	ふ hu	む mu	ゆ yu	る ru		っ xtu
え e	け ke	せ se	て te	ね ne	へ he	め me		れ re		
お o	こ ko	そ so	と to	の no	ほ ho	も mo	よ yo	ろ ro	を wo	

❀ **탁음·반탁음자판**

が ga	ざ za	だ da	ば ba	ぱ pa
ぎ gi	じ zi	ぢ di	び bi	ぴ pi
ぐ gu	ず zu	づ du	ぶ bu	ぷ pu
げ ge	ぜ ze	で de	べ be	ぺ pe
ご go	ぞ zo	ど do	ぼ bo	ぽ po

❀ **요음 자판**

きゃ kya	しゃ sya	ちゃ cha	にゃ nya	ひゃ hya	みゃ mya	りゃ rya	ぎゃ gya	じゃ ja	びゃ bya	ぴゃ pya
きゅ kyu	しゅ syu	ちゅ chu	にゅ nyu	ひゅ hyu	みゅ myu	りゅ ryu	ぎゅ gyu	じゅ ju	びゅ byu	ぴゅ pyu
きょ kyo	しょ syo	ちょ cho	にょ nyo	ひょ hyo	みょ myo	りょ ryo	ぎょ gyo	しょ jo	びょ byo	ぴょ pyo

❀ 어려운 가나 입력 방법

※ 촉음「っ」는 'kk', 'tt', 'pp', 'ss' 등 자음을 두 번씩 입력해도 된다.

※ 작은「ぁ」,「ぃ」,「ぅ」,「ぇ」,「ぉ」도「x+a, i, u, e, o」로 입력하면 된다.

2. 일본 인터넷 검색 사이트 (야후 재팬)

일본에서 주로 이용되는 인터넷 검색 사이트는 야후 재팬(yahoo.co.jp)과 구글(google.com)이다

3. 이메일 화면

메일 박스의 툴바 구성은 다음과 같다.

비즈니스 이메일 보내기

※ 툴바 명칭
- メールフォルダー 메일 폴더 ・受信箱(じゅしんばこ) 수신함 ・下書(したが)き 미리 쓰기 ・送信済(そうしんず)みメール 보낸 편지함
- 迷惑(めいわく)メール 스팸메일 ・ゴミ箱(ばこ) 휴지통 ・個人(こじん)フォルダー 개인 폴더 ・アドレスブック 주소록
- カレンダー 캘린더 ・ボックス 박스

※ 메일 작성에 필요한 용어
- メールの作成(さくせい) 메일 작성 ・送信(そうしん) 송신 ・下書(したが)きを保存(ほぞん) 임시 보관 ・署名(しょめい) 서명 ・キャンセル 취소
- 添付(てんぷ)ファイル 첨부파일 ・絵文字(えもじ) 이모티콘 ・書式(しょしき) 서식 ・ファイルを添付(てんぷ) 파일을 첨부
- URLでシェア URL 공유

4. 비즈니스 이메일 형식

비즈니스 메일의 기본 구성은 ① 宛名(あてな) 받는 사람, ② 挨拶(あいさつ) 인사, ③ 名乗(なの)り 보내는 사람, ④ 要旨(ようし) 요지, ⑤ 詳細(しょうさい) 상세 내용, ⑥ 結(むす)びの挨拶(あいさつ) 맺음말, ⑦ 署名(しょめい) 서명이다.

비즈니스 메일은 비즈니스 문서와 달리「拝啓(はいけい) 立春(りっしゅん)の候(こう)、貴社(きしゃ)ますますご清栄(せいえい)のこととお喜(よろこ)び申(もう)し上(あ)げます」등의 인사말은 쓰지 않는다.

①「宛名(あてな)」의 예
- 株式会社(かぶしきがいしゃ)アイ・コミュニケーション 주식회사 아이 커뮤니케이션
- 取締役(とりしまりやく) 대표이사
- 平野友朗様(ひらのともひろさま) 히라노 도모히로 님

②「挨拶(あいさつ)」의 예
- ご無沙汰(ぶさた)しております。 그 동안 격조했습니다.
- 先日(せんじつ)は、ありがとうございました。 지난번에는 감사했습니다.
- 早速(さっそく)のご連絡(れんらく)ありがとうございます。 바로 연락 주셔서 감사합니다.

③「名乗(なの)り」의 예
회사명, 부서명, 이름을 쓴다.
- ○○株式会社広告部安部太郎(かぶしきがいしゃこうこくぶあべたろう)でございます。 ○○주식회사 광고부 아베 타로입니다.

172

④ 「要旨」의 예(메일을 보내는 목적 및 이유를 쓴다)

- 打ち合わせの日程について、ご相談いたします。 협의 일정에 대해서 상의 드립니다.

- 先日のお礼を申し上げたく、メールをお送りしました。 지난번 일을 감사드리고자 메일 보냅니다.

- ○○○○についてお詫びを申し上げたく、ご連絡いたしました。

  ○○○○에 대해서 사과를 드리고자 연락해 드렸습니다.

- お見積内容のご確認のために、ご連絡いたしました。 견적 내용 확인을 위해 연락해 드렸습니다.

⑤ 「詳細」의 예(항목별로 기술한다)

- 内容 내용 ビジネスメールコミュニケーション講座(ベーシック編) 비즈니스 메일 커뮤니케이션 강좌(기초편)
- 日時 일시 ２０２１年８月20日(金) 2021년 8월 20일 (금)
- 場所 장소 株式会社アイ・コミュニケーション セミナールーム 주식회사 아이 커뮤니케이션 세미나 룸
- 対象 대상 新入社員もしくは研修担当者 신입사원 혹은 연수 담당자
- 参加費 참가비 ８，６４０円(税込) 8,640엔(세금 포함)

⑥ 「結びの挨拶」의 예

- 今後ともよろしくお願いいたします。 앞으로도 잘 부탁드립니다.
- ご検討の程、よろしくお願いいたします。 검토 잘 부탁드립니다.
- 引き続きよろしくお願いいたします。 앞으로도 잘 부탁드립니다.
- ご協力いただけますよう、よろしくお願いいたします。 협력해 주시기를 간곡히 부탁드립니다.

⑦ 「署名」(메일에서의 명함에 해당한다)

회사명, 부서명, 이름, 우편번호, 주소, 건물명, 전화번호, 팩스번호, 메일 주소, URL(웹사이트명도 기재하는 것이 좋다)의 내용을 넣는다.

株式会社アイ・コミュニケーション　平野友朗

〒101−0052

東京都千代田区神田小川町2−1 KIMURA BUILDING 5階

電話 03−5577−3237 / FAX 03−5577−3238

メール info@sc−p.jp

http://www.sc−p.jp/

5. 비즈니스 문서양식

비즈니스 문서에는 적어 넣어야 할 사항이 있다. 문서 성격에 따라 일부 생략할 수도 있지만 거래처에 보내는 경우에는 다음과 같은 항목을 적는 것이 일반적이다.

① 문서번호　② 발신연월일　③ 수신자명　④ 발신자명　⑤ 날인　⑥ 건명
⑦ 기어 / 결어　⑧ 전문　⑨ 주문(본론)　⑩ 추신문　⑪ 말문

①○○発第○○号

②○○○○年○○月○○日□□□

③□□株式会社
　□□□□□様

④□□□□□□□□□□□

⑤□□□□□□印

⑥カタログ送付のご案内

⑦拝啓　⑧時下、ますますご隆昌のこととお慶び申し上げます。

⑨さて、先日ご依頼のありました○○のカタログを送付いたします。何とぞ詳細にご検討くださいますようお願い申し上げます。⑩なお、カタログでご不明な場合は御一報いただければ弊社社員を派遣いたしますので、よろしくお願いいたします。

⑪まずは、ご案内まで。

⑦敬具

② 발신연월일은 서력으로 표기하거나 연호로 표시한다.

明治 (1868年～1912年) / 大正(1912年～1926年) / 昭和(1926年～1989年) /
平成(1989年～2019年) / 令和(2019年～현재)

⑦ 기어 / 결어란 문장을 시작하기 전에 가장 먼저 시작하는 말이고, 결어는 문장을 맺은 다음에 쓰는 말이다. 기어 / 결어에는 「拝啓－敬具」,「前略－草々」가 있다. 「前略」는 전문을 생략할 경우 사용한다.

⑧ 전문이란 기어 다음으로 쓰는 계절별 인사말과 감사를 나타내는 말이다.

- 貴社にはご隆昌のことと、お慶び申し上げます。 귀사에 발전이 있으시길 축원 드립니다.

- 貴社ますますご繁栄のこととお慶び申し上げます。 귀사의 더욱 큰 발전을 기원 드립니다.

- 皆様ご健勝、お慶び申し上げます。 여러분의 건승을 기원 드립니다.

- 平素はお世話になり厚くお礼申し上げます。 평소에 신세가 많아 깊이 감사드립니다.

- 毎度身にあまるご協力、心からお礼申し上げます。

  매번 분에 넘치는 협력을 해 주셔서 진심으로 감사드립니다.

⑨ 주문(본론)은 문서의 용건을 말하는 부분으로 주로 「さて」로 시작한다.

⑩ 추신문은 주문 이외의 추가 내용을 쓴다. 「なお」로 시작한다.

⑪ 말문은 문장을 맺는 인사말로 문장 끝에 결어를 쓴다.

- まずはご挨拶申し上げます。 우선 인사 말씀 드립니다.

- 取り急ぎ、ご案内申し上げます。 서둘러 안내 말씀을 드립니다.

- 取り急ぎお返事まで。 우선은 답변만 드립니다.

비즈니스 단신보고

Ⅲ. 비즈니스 단신보고

비즈니스에서는 지시·협의·손님 응대가 중요하다. 각 비즈니스 상황에서 자주 사용되는 문자 메시지, 단신보고의 예를 소개한다.

1. 업무 지시

(部下に業務を指示するとき)

- 明日までにデータをまとめて。
- 商談が終わったら報告するように。
- データ提出の期限を必ず守ること。

(부하에게 업무를 지시할 때)

내일까지 데이터를 정리해.

상담이 끝나거든 보고하도록.

데이터 제출 기한을 반드시 지킬 것!

(部下のミスに注意するとき)

- これから、このような事がないように注意して。
- 見積書にミスがあるから、もう一度、見直して。
- データ入力に誤りがあるから、これからは気をつけて。

(부하의 실수에 주의를 줄 때)

이제부터 이런 일이 없도록 주의해.

견적서에 실수가 있으니 한번 더 점검해 봐.

데이터 입력에 잘못이 있으니 앞으로는 조심해.

(部下に自分の考えを伝えるとき)

- ○○社にはAプランを進めよう。
- 基本的に○○社の条件をすべて受け入れる方針で行こう。
- ○○社とは契約しないことにする。

(부하에게 자기 생각을 전달할 때)

○○사에는 A플랜을 진행하자구.

기본적으로 ○○사 조건을 모두 수용하는 방침으로 가자구.

○○사와는 계약하지 않도록 하자구.

2. 협의

(部下に会議召集の連絡をするとき)

- 明日、午後1時からミーティングルームで打ち合わせ。全員、参加するように。
- あさって、10時から会議室で打ち合わせをします。
- 本日、午後6時からラウンジで契約成立の祝勝会をします。

(부하에게 회의 소집 연락을 할 때)

내일 오후 1시부터 미팅 룸에서 협의. 전원 참가하도록.

모레, 10시부터 회의실에서 협의를 합니다.

당일 오후 6시부터 라운지에서 계약 성립 축하모임을 합니다.

(会議の決定事項をメンバーに知らせるとき)

- ○○社にはAプランを提案することになりました。周知をお願いします。
- リーダーは佐藤さんに決まりました。みなさん、佐藤さんへの協力をお願いします。
- 本日の会議の決定事項を添付ファイルでお送りします。ご確認ください。

(회의 결정사항을 멤버에게 알릴 때)

○○사에는 A플랜을 제안하기로 했습니다. 주지하시기 바랍니다.

리더는 사토 씨로 정해졌습니다. 여러분 사토 씨에게 협력 부탁합니다.

오늘 회의 결정 사항을 첨부파일로 보내드리겠습니다. 확인해 주세요.

(メンバーに意見を募るとき)

- 何かアイディアがある方は自由にご意見ください。
- 新規プロジェクトに関して、意見がある方は返信をお願いします。
- 今日の打ち上げに参加可能な方は、返信してください。

(멤버에게 의견을 구할 때)

뭔가 아이디어가 있는 분은 자유롭게 의견을 내주십시오.

신규 프로젝트에 관해서 의견이 있는 분은 답신 부탁드립니다.

오늘 회식에 참가 가능한 분은 답신해 주세요.

3. 회의 진행

(会議前のお知らせを伝える)

・明日の会議資料を送付します。熟読の上、参加してください。

・明日の会議では積極的な発言をお願いします。

・各自、ノートパソコンを持参して会議に出席してください。

(회의 전 전달 사항을 알리다)

내일 회의 자료를 송부합니다. 숙독하여 참가해 주세요.

내일 회의에서는 적극적으로 발언해 주세요.

각자 노트북을 지참하여 회의에 참석해 주세요.

(会議中に外部へ連絡する)

・吉田さん、会議が始まっています。至急、会議室に来てください。

・申し訳ありません。ただ今、会議中です。後ほど、お電話します。

・役員総会が終了しました。会社の方針を説明しますので、社員は大会議室に集合してください。

(회의 중 외부에 연락하다)

요시다 씨, 회의가 시작되었습니다. 속히 회의실로 와 주세요.

죄송합니다. 지금 회의 중입니다. 나중에 전화 드리겠습니다.

임원 총회가 종료되었습니다. 회사 방침을 설명하므로 사원은 대회의실로 집합해 주세요.

(会議後のお知らせを伝える)

・会議の議事録を送付します。ご確認ください。

・本日の会議で鈴木部長の提案が可決されました。周知をお願いします。

・今日の会議に参加できなかった社員は掲示板の告知を確認してください。

(회의 뒤 전달사항을 알리다)

회의 의사록을 송부하겠습니다. 확인해 주세요.

오늘 회의에서 스즈키 부장님의 제안이 가결되었습니다. 주지하시기 바랍니다.

오늘 회의에 참가하지 못한 사원은 게시판의 고지 사항을 확인해 주세요.

4. 손님 응대 ①

(お客を迎えるための準備事項を知らせる)

- 吉田さん、明日、○○社の木村部長がいらっしゃいます。会議室の掃除をお願いします。
- 鈴木さん、明日、○○社の田中部長がお見えです。お茶の補充をしておいてください。
- 明日○○社の渡辺部長がお見えです。担当者はサンプルを用意しておいてください。

(손님을 맞이하기 위한 준비사항을 알리다)

요시다 씨, 내일, ○○사 기무라 부장님이 오십니다. 회의실 청소를 부탁합니다.

스즈키 씨, 내일, ○○사 다나카 부장님이 오십니다. 차를 보충해 두세요.

내일 ○○사 와타나베 부장님이 오십니다. 담당자는 샘플을 준비해 두세요.

(来客の予定を社員に知らせる)

- 明日、○○社の木村部長がいらっしゃいます。皆さん、失礼のないようにしてください。
- 本日、午後1時に○○社の佐藤部長がいらっしゃいます。担当者はお出迎えをお願いします。
- 本日、午前10時に○○社の吉田部長がお見えです。皆さん、周知をお願いします。

(내방객 예정을 사원에게 알리다)

내일 ○○사 기무라 부장님이 오십니다. 여러분 실례를 범하는 일이 없도록 해 주세요.

당일 오후 1시에 ○○사 사토 부장님이 오십니다. 담당자는 마중을 부탁합니다.

당일 오전 10시에 ○○사 요시다 부장님이 오십니다. 여러분 주지하시길 바랍니다.

(来客の到着予定を社員に知らせる)

- ○○社の木村社長がもうすぐお着きになります。担当者は玄関までお出迎えに出てください。
- 本日、来訪予定のお客様である○○社の佐藤部長は10分ほど遅れて到着するそうです。
- 本日の予定だった○○社の吉田部長の来訪は、取りやめになりました。

(내방객의 도착 예정을 사원에게 알리다)

○○사 기무라 사장님이 이제 곧 도착하십니다. 담당자는 현관까지 마중 나와 주세요.

당일 내방 예정객이신 ○○사 사토 부장님은 10분 정도 늦게 도착한다고 합니다.

당일 예정이었던 ○○사 요시다 부장님의 내방은 중지되었습니다.

5. 손님 응대 ②

（取引先が来訪中であることを社員に知らせる） (거래처에서 내방중임을 사원에게 알리다)

・現在、○○社の吉田社長がわが社にお見えです。失礼のないようにしてください。

현재 ○○사 요시다 사장님이 우리 회사에 오셨습니다. 실례가 없도록 해 주세요.

・現在、会議室で○○社と商談が行われています。会議室の前では静かにしてください。

현재 회의실에서 ○○사와 상담이 이루어지고 있습니다. 회의실 앞에서는 조용히 해 주세요.

・現在、会議室で○○社と会議中です。社員は会議室への入室を控えてください。

현재 회의실에서 ○○사와 회의 중입니다. 사원은 회의실 입실을 삼가주세요.

（来訪客の現在の様子を社員に知らせる） (내방객의 현재 상황을 사원에게 알리다)

・現在、商談は休憩に入っています。社員の皆さんはラウンジの利用を控えてください。

현재 상담은 휴식에 들어갔습니다. 사원 여러분은 라운지 이용을 삼가주세요.

・現在、お見えになっている渡辺部長は社員食堂で昼食を取られています。社員は時間をずらして食堂を利用してください。

현재 오신 와타나베 부장님은 사원 식당에서 점심을 드시고 있습니다. 사원은 시간을 늦춰서 식당을 이용해 주세요.

・○○社との商談が長引いています。お帰りになる時間が遅くなりますので、担当者は車の手配をお願いします。

○○사와의 상담이 길어지고 있습니다. 돌아가시는 시간이 늦어지므로 담당자는 차량 준비를 부탁합니다.

（来訪客の退出を社員に知らせる） (내방객이 돌아가는 것을 사원에게 알리다)

・○○社との会議が終了しました。担当者は懇親会会場への案内をお願いします。

○○사와의 회의가 종료되었습니다. 담당자는 간담회 회장으로 안내 부탁합니다.

・○○社の木村社長がお帰りになります。社員の皆さんはロビーまでお見送りに出てください。

○○사 기무라 사장님이 돌아가십니다. 사원 여러분 로비까지 배웅하러 나와 주세요.

・○○社の吉田部長がお帰りです。皆さん、お見送りに出てください。

○○사 요시다 부장님이 돌아가십니다. 여러분, 배웅하러 나와 주세요.

6. 협의 일정 조율

(日程の変更をお願いする)

・大変、申し訳ありませんが、次回の打ち合わせの日程を変更していただけませんか。

・恐れ入りますが、次のミーティングの日時を変更していただきたいのですが。

・勝手を言って、大変、恐縮なのですが、会議の日程変更は可能でしょうか。

(일정 변경을 부탁하다)

매우 죄송합니다만, 다음 협의 일정을 변경해 주실 수 없을까요?

죄송하지만, 다음 미팅 일시를 변경해 주셨으면 하는데요.

저희 사정만으로 말씀드려서 매우 죄송하지만, 회의 일정 변경이 가능하신지요?

(都合の良い日を相手と決める)

・いつが都合がよろしいでしょうか。

・再来週の金曜日はいかがでしょうか。

・ミーティングの日時を来月の九日に変更していただきたいのですが。

(형편이 좋은 날을 상대와 정하다)

언제가 형편이 좋으신가요?

다다음주 금요일은 어떠신가요?

미팅 일시를 다음 달 9일로 변경해 주셨으면 합니다만.

(日程を変更してくれたことへのお礼を言う)

・勝手を言って申し訳ありません。誠にありがとうございます。

・快く変更に応じてくださり、心よりお礼申し上げます。

・ご理解いただき、誠にありがたく存じます。

(일정을 변경해 준 일에 대해 감사를 하다)

무리한 요구를 해서 죄송합니다. 정말로 고맙습니다.

흔쾌히 변경해 주셔서 진심으로 감사드립니다.

이해해 주셔서 정말로 감사하게 생각합니다.

7. 문의 및 클레임

(納期について取引先に問い合わせる)

(납기에 대해 거래처에 문의하다)

- 納品の時期はいつになりそうですか。

  납품 시기는 언제가 될 것 같습니까?

- 来月末までに納品していただくことはできますか。

  다음 달 말까지 납품 받을 수 있습니까?

- 納期が過ぎていますが、納品はいつですか。

  납기는 지났습니다만, 납품은 언제 가능합니까?

(納品された物について取引先に問い合わせる)

(납품된 물건에 대해 거래처에 문의하다)

- 納品された物が発注内容と違うようなんですが。

  납품된 물건이 발주내용과 다른 것 같습니다만,

- 納品された物の数が足りないんですが。

  납품된 물건의 수량이 부족합니다만.

- 請求書の内容が見積書と違うんですが。

  청구서 내용이 견적서와 다른데요.

(取引先に注意を言う)

(거래처에 주의를 주다)

- 今後、このような事がないように、ご注意願います。

  앞으로 이와 같은 일이 없도록 주의를 부탁합니다.

- 御社の誠意ある対応を望みます。

  귀사의 성의 있는 대응을 바랍니다.

- このままでは御社との取り引きを考え直さざるをえません。

  이대로는 귀사와의 거래를 재고할 수 밖에 없습니다.

Ⅳ. 비즈니스 주요 용어

*50음도 순

	단어	영문표기	의미
1	B to B ビートゥービー	B to B	企業間取引。企業が企業に対して事業を行うこと。「B」はBusiness
2	Iターン アイターン		首都圏から出身地ではない他の地域へ行くこと。
3	OEM オーイーエム	OEM	発注する企業の名義やブランドの名前で製品を製造すること。
4	OffJT オフジェーティー	off job training.	実際に業務を行う前に、業務内容に関する訓練を行うこと。実地外訓練。
5	OJT オージェーティー	on job training.	実際の業務を通して、業務内容を身につけること。実地訓練。
6	POS ピーオーエス	POS	店で商品を販売するときデータを蓄積し、売上や在庫の管理をするシステム。
7	Uターン ユーターン		進学などで上京した人が出身地に戻ること。
8	Win-Win ウィンウィン	win-win	お互いに利益がある関係性。
9	アーカイブ	archive	ネットワークにおいて大量のデータを保管する場所。
10	アサイン	assign	特定の事業に人員を割り当てること。
11	アジェンダ	agenda	会議において、やるべき事を事前にまとめたもの。
12	アジャイル	agil	良いものを早く開発しようという方法の総称。特にソフトウェア開発で使う。
13	アセスメント	assessment	対象が周囲に与える影響を評価すること。
14	アナウンス	announce	企業からのお知らせ。
15	アフィリエイト	affiliate	WEB上での成功報酬型広告
16	アポイントメント (アポ)	apointment	ビジネス上の約束。特に商談の約束。
17	アライアンス	alliance	企業同士がお互いに利益を得るために結ぶ協力関係。

18	アルゴリズム	algorithm	課題や問題を解決するために明確化された手順。
19	イニシアチブ	initiative	主導権。自ら率先すること。
20	イノベーション	innovation	新しいアイディアや技術で利益をもたらす革新のこと。
21	インキュベーション	incubation	新たなビジネスを始めようとしている人や企業に対して行う成長を促進させるための支援活動。
22	インセンティブ	incentive	人や会社の主体性・積極性を向上させるための対策。
23	インバウンド	inbound	① 観光目的で訪日する外国人。 ② 顧客の来訪や電話を受け入れること。
24	インフルエンサー	influencer	人々の消費行動に影響を与える人。
25	オブザーバー	observer	会議などに参加して発言はするが、議決権を持たない人。
26	ガラパゴス化 ガラパゴスか		商品やサービスが日本独自で発展したために、外国製の商品やサービスとの互換性を失った状態。
27	カンファレンス	conferrence	会議。協議。数人程度の規模の小さいものから数百人程度の規模の大きいものを指す。
28	キャッシュフロー	cash flow	現金の収入と支出の流れ。
29	キャパシティ (キャパ)	capacity	① 収容人数。 ② 課題に対する能力や精神面での許容量。
30	キュレーション	curation	インターネット上の情報を収集し、まとめること。
31	クラウドコンピューティング (クラウド)	crowd computing	コンピューターを使った処理、データの保存をインターネット経由で利用できるサービス。
32	グランドデザイン	grand design	長期間の未来にわたる全体構想。十年単位で構成される未来構想案。
33	コーポレートガバナンス	Coporate Governance	企業が適切な経営を行うために監視すること。
34	コストパフォーマンス(コスパ)	cost performance	費用対効果。費用に対する結果の効率性。
35	コミッション	commission	手数料。斡旋料。

36	コミットメント/ コミット	commitment/ commit	企業が目標を明言し、達成しようという責任や意気込み を示すこと。
37	コモディティ	commodity	ある製品の品質や機能に製造会社ごとの特徴が稀薄に なった状態。
38	コンサルティング/ コンサルタント (コンサル)	consulting/ consultant	経営者などに対して解決策を提示し、企業の成長を助け る業務や、それを行う人。
39	コンシューマー	consumer	一般の消費者のこと。企業ではなく、個人の消費者を 指す。
40	コンセンサス	consensus	プロジェクトなど進めるときに、前もって関係者の間で 意思を一致させること。
41	コンプライアンス	compliance	法令遵守。企業が業務内容と関連がある法令を守ること。
42	サードパーティ	third party	ある企業と、その提携企業が構築したビジネスモデルに 第三者として関わる企業。
43	サステナビリティ	sustainability	持続可能性。ある状態や事柄を継続させること。
44	サプライヤー	supplier	原料や材料を供給する業者または人。
45	シーズ	seeds	企業が持っているノウハウの中で、製品化できる可能性が あるもの。
46	シナジー	synergy	相乗効果。企業が複数の事業を運営することで、単独で 運営した場合よりも大きな効果を生み出すこと。
47	スキーム	scheme	目的を達成するための段取り、資金、人員、調達方法な どの計画。
48	スタートアップ	startup	創業から2～3年程度の期間。
49	ステークホルダー	stakeholder	株主、経営者、従業員、顧客など企業活動にかかわるす べての人。
50	セクシュアルハラス メント(セクハラ)	sexual harassment	性的な嫌がらせ。
51	セグメント	segment	① 事業の種類、営業の対象地域などの区分単位。 ② 購入者の年齢・性別・職業などの区分。
52	タスクフォース	task force	ある任務のために編成された部隊。プロジェクトチーム。
53	ダンピング	dumping	不当廉売。市場の健全な競争を無視し、安い価格で商品 やサービスを売ること。

54	ディーラー	dealer	販売業者。メーカーと契約を結んでいてる販売代理店。
55	デフォルト(デフォ)	default	① 債務不履行。債権の発行者が破綻し、元本を保証することができない状態。 ②初期値。「それが当たり前だ、標準だ」という状態。
56	ニーズ	needs	需要。消費者がほしがっているものやサービス。
57	パラレルキャリア	parallel career	本来の仕事(本業)をしながら、第二の活動(副業)を行い、多様な経歴を身につけること。
58	バリアフリー	barrier free	高齢者や障がい者など、社会的に弱い立場にある人たちが社会で生活する上で支障になるものを取り除くこと。
59	パワーハラスメント(パワハラ)	powerharassment [일본어식 영어]	上司などが自分の権力や地位を利用して行う嫌がらせ。
60	ビジネスモデル	business model	利益を生み出すためのビジネスの仕組み。
61	フィードバック	feedback	商品やサービスに対する消費者の評価を企業に伝達し、商品やサービスの向上を図ること。
62	フェーズ	phase	プロジェクトを進める上での段階。局面。
63	ブラック企業		労働形態や賃金などに関する法令を守らず、過酷な労働を社員に強制する企業。
64	ブラッシュアップ	brush up	現在の状態から、さらに優れた状態に磨き上げる(brush up)こと。
65	ブランディング	branding	消費者にとって、より価値があるブランドを構築するための活動。
66	ブレインストーミング(ブレスト)	brainstorming	それぞれがアイディアを出し合い、豊かな発想を生み出すための会議の手法。
67	フレキシブル	flexible	融通性。融通がきく。臨機応変。
68	フレックスタイム	flextime	労働時間の合計だけを決め、出勤時間と退勤時間は労働者が自主的に決める労働形態。
69	フロー	flow	作業や製造の工程。
70	プロモーション	promotion	商品の販売を促進するための様々な活動。
71	ベンダー	vendor	製品を供給する業者。
72	ベンチマーク	benchmark	良い企業の優れている点を分析、学習し自社に取り入れること。
73	ベンチャーキャピタル	venture capital	ベンチャー事業に資本を供給することを業務とする会社や組織。

74	ボトルネック	bottle neck	全体的な作業の効率を下げて、問題や障害になっている部分。
75	マージン	margin	売買によって発生する差額を利益とすること。利ざや。
76	マイルストーン	milestone	プロジェクトがどこまで進んでいるかを確認するためのポイント。中間目標点。節目。
77	メンター	mentor	仕事に関する知識やスキルなどについて効果的にアドバイスしてくれる指導者。
78	モジュール	module	複雑なシステムを構築するために使われる交換可能な要素や部品。その要素や部品は独立した機能を持つ。
79	ユビキタス	ubiquitous	いつでも様々な機器を使ってネットワークに接続し、場所に関係なく活動できるようにして、利便性を高めようという考え方。
80	ランニングコスト	runnning cost	機械や設備などを稼働していることで発生するコスト。
81	リードタイム	lead time	発注から納品までにかかる時間。
82	リコール	recall	製品に欠陥が見つかった場合、メーカーが欠陥の事実を公表して、回収や修理を行うこと。
83	リスクヘッジ	risk hedge [일본어식 영어]	危険を予測し、それを避けるための対策をとること。
84	リスクマネジメント	risk management	リスクを組織的に管理し、損失の回避を図るプロセス。
85	リストラクチャリング(リストラ)	restructuring	もともとは「事業の再構築」を意味するが、「リストラ」と言えば「社員の解雇」を意味する。
86	レスポンス(レス)	response	消費者や取引先からの反応。
87	レセプション	reveption	①受付や受付業務。②ビジネスでの歓迎会や披露宴。
88	レバレッジ	leverage	多額の資本を投じた場合と同じ程度の利益を、少ない資本で達成させようとする事。
89	ロードマップ	road map	事業を達成するまでの作業工程や問題点、優先順位などを時系列で示したもの。
90	ロールモデル	roll model	行動や考え方の手本として、学ぶ対象になる人。
91	ロジスティック	logistics	材料の調達から物流、販売までの流れ。合理化するためのシステム。
92	ロット	lot	同じ製品や部品を生産する時の最小製造単位。
93	ワークライフバランス	work-life balance	仕事と家庭を両立させるためのバランス。

종합 연습 정답

PART 1
業務指示 ぎょう む し じ 업무 지시

1과

종합 연습 정답

회화 연습 1
1. 苦労 くろう　　2. って　　3. いただける

회화 연습 2
1. って　　2. いただける　　3. わね

4. みましょう

2과

종합 연습 정답

메일 작성 1
1. 与えています あた　　2. ように　　3. べく
4. 励んでください はげ

메일 작성 2
1. 与えて あた　　2. ように　　3. べく　　4. 励んで はげ

PART 2
協議 きょう ぎ 협의

3과

종합 연습 정답

회화 연습 1
1. よね　　2. よ　　3. もらい　　4. ではない

회화 연습 2
1. よね　　2. 関する かん　　3. もらいたい

4. ではないでしょうか

4과

종합 연습 정답

메일 작성 1
1. こと　　2. よう

메일 작성 2
1. ことに　　2. の　　3. を　　4. ように

PART 3
会議の進行 かい ぎ　しん こう 회의 진행

5과

종합 연습 정답

회화 연습 1
1. ため　　2. おっしゃいますと　　3. とか
4. どうか

회화 연습 2
1. どうかと思います おも　　2. とか
3. なるほど

6과

종합 연습 정답

메일 작성 1
1. され　　2. ため　　3. いただきますよう

메일 작성 2
1. された　　2. されます　　3. ため
4. いただきますよう

PART 4
お客様の応対(案内) 손님응대(안내)

7과
종합 연습 정답

회화 연습 1

1.足労　　2.うかがいましたが
3.お気遣いなく

회화 연습 2

1.お忙しいところ　　2.お待ちして
3.うかがいましたが　　4.お気遣いなく

8과
종합 연습 정답

메일 작성 1

1.高配　　2.いただいた　　3.いただければ

메일 작성 2

1.厚く　　2.いただいた　　3.恐縮
4.いただければ

PART 5
お客様の応対(会議) 손님응대(회의)

9과
종합 연습 정답

회화 연습 1

1.おいでくださり　　2.とんでも
3.拝見　　4.見え

회화 연습 2

1.お見え　　2.拝見　　3.いらっしゃいます

10과
종합 연습 정답

메일 작성 1

1.申し上げます　　2.応えられる
3.所存　　4.愛顧　　5.略儀

메일 작성 2

1.申し上げます　　2.ご期待　　3.所存
4.賜ります

PART 6
協議日程の調整 협의 일정 조율

11과
종합 연습 정답

회화 연습 1

1.いただけませんか　　2.ことに
3.差し支え

회화 연습 2

1.おそれ　　2.ことに　　3.いただけませんか
4.差し支えありません

12과
종합 연습 정답

메일 작성 1

1.割いて　　2.了解　　3.上で　　4.ほど

메일 작성 2

1.割いていただき　　2.開いた　　3.ご了解
4.ほど

PART 7
問い合わせ及びクレーム 문의 및 클레임

종합 연습 정답

회화 연습 1
1. 見通し   2. わけには

회화 연습 2
1. こと   2. わけ   3. 見通し
4. おります

종합 연습 정답

메일 작성 1
1. つきまして   2. なお   3. ください

메일 작성 2
1. ところ   2. はじめ   3. 願います
4. なお

MEMO

외국어 출판 40년의 신뢰
외국어 전문 출판 그룹
동양북스가 만드는 책은 다릅니다.

40년의 쉼 없는 노력과 도전으로 책 만들기에 최선을 다해온 동양북스는
오늘도 미래의 가치에 투자하고 있습니다.
대한민국의 내일을 생각하는 도전 정신과 믿음으로 최선을 다하겠습니다.

동양북스

📖 동양북스 추천 교재

일본어 교재의 최강자, 동양북스 추천 교재

회화 코스북

일본어뱅크 다이스키
STEP 1·2·3·4·5·6·7·8

일본어뱅크
좋아요 일본어 1·2·3·4·5·6

일본어뱅크 도모다찌
STEP 1·2·3

분야서

일본어뱅크
좋아요 일본어 독해 STEP 1·2

일본어뱅크
일본어 작문 초급

일본어뱅크
사진과 함께하는
일본 문화

일본어뱅크
항공 서비스 일본어

가장 쉬운 독학
일본어 현지회화

수험서

일취월장 JPT
독해·청해

일취월장 JPT
실전 모의고사 500·700

일단 합격하고 오겠습니다
JLPT 일본어능력시험
N1·N2·N3·N4·N5

일단 합격하고 오겠습니다
JLPT 일본어능력시험
실전모의고사 N1·N2·N3·N4/5

단어·한자

특허받은
일본어 한자 암기박사

일본어 상용한자 2136
이거 하나면 끝!

일본어뱅크
좋아요 일본어 한자

가장 쉬운 독학
일본어 단어장

일단 합격하고 오겠습니다
JLPT 일본어능력시험
단어장 N1·N2·N3

중국어 교재의 최강자, 동양북스 추천 교재

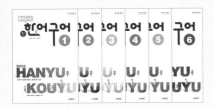

중국어뱅크 북경대학 신한어구어
1·2·3·4·5·6

중국어뱅크 스마트중국어
STEP 1·2·3·4

중국어뱅크 집중중국어
STEP 1·2·3·4

중국어뱅크
뉴! 버전업 사진으로
보고 배우는 중국문화

중국어뱅크
문화중국어 1·2

중국어뱅크
관광 중국어 1·2

중국어뱅크
여행실무 중국어

중국어뱅크
호텔 중국어

중국어뱅크
판매 중국어

중국어뱅크
항공 실무 중국어

정반합 新HSK
1급·2급·3급·4급·5급·6급

일단 합격 新HSK 한 권이면 끝
3급·4급·5급·6급

버전업! 新HSK
VOCA 5급·6급

가장 쉬운 독학
중국어 단어장

중국어뱅크
중국어 간체자 1000

특허받은
중국어 한자 암기박사

📖 동양북스 추천 교재

중고급 학습

첫걸음 끝내고 보는
프랑스어
중고급의 모든 것

첫걸음 끝내고 보는
스페인어
중고급의 모든 것

첫걸음 끝내고 보는
독일어
중고급의 모든 것

첫걸음 끝내고 보는
태국어
중고급의 모든 것

첫걸음 끝내고 보는
베트남어
중고급의 모든 것

단어장

버전업! 가장 쉬운
프랑스어 단어장

버전업! 가장 쉬운
스페인어 단어장

버전업! 가장 쉬운
독일어 단어장

가장 쉬운 독학
베트남어 단어장

여행 회화

NEW 후다닥
여행 중국어

NEW 후다닥
여행 일본어

NEW 후다닥
여행 영어

NEW 후다닥
여행 독일어

NEW 후다닥
여행 프랑스어

NEW 후다닥
여행 스페인어

NEW 후다닥
여행 베트남어

NEW 후다닥
여행 태국어

수험서 · 교재

한 권으로 끝내는 DELE
어휘·쓰기·관용구편 (B2~C1)

수능 기초 베트남어
한 권이면 끝!

버전업!
스마트 프랑스어

일단 합격하고 오겠습니다
독일어능력시험
A1 · A2 · B1 · B2